Das

germanische Notherbrecht

und

seine Geschichte in den Coutumes.

Von

Dr. Josef Kohler,
ordentl. Professor an der Universität Berlin.

Berlin, 1900.
Verlag von H. W. Müller.

Sonderabdruck aus
der Festgabe für Heinrich Dernburg.

§ 1.

Die Mitternachtsstunde, welche das Jahr 1900 anhebt, eröffnet eine neue Periode unseres Rechtes, und mit frischer Hoffnung schauen wir in eine reiche Zukunft; ist doch errungen, was wir seit fast 30 Jahren erstrebt haben. Allerdings fällt damit manches Alte und Vertraute in das Dunkel der Geschichte, was man nur mit einiger Wehmuth scheiden sieht. Dahin gehört für den rheinischen Juristen vor allem der Code civil. Es ist nicht das fremdländische Gesetzbuch, das wir bedauern; erinnert es uns doch als solches an die Zeit der deutschen Schmach und Erniedrigung; allein mit dem Code civil wird nicht nur ein guter Theil Naturrecht, mit ihm wird vor allem ein Theil deutschen Rechtes zu Grabe getragen. Denn wer den Code civil historisch erfaßt — und Aufgabe des Deutschen war es, ihn so zu erfassen, obgleich es Zachariä nicht gethan hat, — mußte in ihm stets die deutlichen Spuren germanischer Rechtsideen entdecken, und wer den Weg der Geschichte von Beaumanoir durch die Stadt- und Landrechte hindurch bis zum Code civil durchwandert hat, der sieht überall das deutsche Recht in üppiger strotzender Fülle; üppiger und reiner, als in den deutschen Landen selbst; denn da man das römische Recht mehr oder minder dem Pays du droit écrit überließ und da man eben dieses römische Recht früher in seinem eigenen Wesen verstehen lernte, als in Deutschland, so wußte man die romanistische Einwirkung besser abzuwehren, als bei uns.

Eines der deutschrechtlichen Institute, das mit dem 1. Januar 1900 außer Kraft tritt, ist das Institut des Erbvorbehaltes, das man in Frankreich réserve coutumière nennt; es ist das Institut, das im germanischen Rechte bestimmt war, die Postulate zu erfüllen, die im römischen Recht durch den Pflichttheil gedeckt werden sollten. Eigenartig und urgermanisch hat es sich aus dem Gedanken des einheitlichen Familiengutes entwickelt; mehr oder minder hat es seine ursprüngliche Eigenart abgelegt und sich modernisirt, indem es sich dadurch befähigte, den Erwartungen einer aufstrebenden Kultur zu genügen.

Die Entwickelung war keine einheitliche, sondern eine höchst mannigfaltige; es zeigte sich darin die ganze Fülle des deutschen Geistes, aber allerdings auch die Schwäche einer Zeit, die in Frankreich eine privatrechtliche, in Deutschland zugleich eine politische Zerfahrenheit zeitigte, wo jedes Rechtsgebiet sich in seinen Sonderheiten völlig auslebte und die partikulären Eigenheiten kein Zugeständniß machen wollten zu Gunsten der Wohlfahrt des Ganzen. In dieser Entwickelung hatte das Institut eine wechselnde Geschichte. Die einen Rechte entfalteten es zu historischer Größe, in den anderen verkümmerte es; und wie in vielem, so war es auch hier das Pariser Stadtrecht, welches dem Institut den Todeskeim einpflanzte, während es in der frischen Luft der Normandie und in den flandrischen Gauen üppig und mächtig gedieh.

Ihm erwuchs in der römischen legitima eine wichtige Wettbewerberin, die sich überall da einzuschleichen wußte, wo das Institut versagte und seine Aufgabe nicht zu erfüllen vermochte.

So lag ein reiches Material vor, als man vor nicht ganz 100 Jahren in so erstaunlich kurzer Zeit den Code civil schuf. Man hätte erwarten können, daß das römische Recht überwog: das Pariser Stadtrecht gab ihm die Hand und Pothier begünstigte es. Allein gegen alle Erwartung hat das deutsche Institut obgesiegt. Es war ihm hiermit auch in deutschen Landen, in den Gebieten des rheinischen Rechtes, noch fast ein Jahrhundert gegönnt; mit dem Glockenschlag, der das Jahr 1900 einleitet, sinkt es für uns in das Grab der Vergangenheit.

Eine historische Darstellung dieses Institutes zu geben, ist im jetzigen Momente besonders angezeigt: was unsterblich im Gesang soll leben, das muß im Leben untergehn; und die historische Darstellung hebt an, wo die Gegenwart von uns scheidet.

Ich erfülle damit eine lange Schuld. Im Jahre 1875 erschien von mir in der Zeitschrift für französisches Civilrecht V S. 378—463 eine Erstlingsarbeit über den beschränkten Freitheil des zweiten Ehegatten. Sie handelte nicht speziell vom Erbvorbehalt, aber die Darstellung der Rechte des zweiten Ehegatten, im Gegensatz zu den Rechten der Kinder, mußte von selbst zu einer kurzen Charakteristik der réserve coutumière und ihres Verhältnisses zur legitima führen; war dies doch präjudiziell für die Erfassung des Rechtes oder vielmehr der Rechtsbeschränkung, welche das französische Recht, gemäß dem Edit des secondes noces, dem zweiten Ehegatten zu Theil werden ließ. Die Darstellung war eine kurze, auch stand mir damals natürlich noch nicht das volle Quellenmaterial zu Gebote. Die Grundgedanken aber, und namentlich die dogmatische Fassung des Institutes und seine Charakteristik war sicher richtig; ich vertrete sie heutzutage noch, und die scharfe Entgegensetzung des germanischen und römischen Rechtes, die ich damals gab, hat gewiß dazu beigetragen, die Frage auch für den deutschen Gesetzgeber zu klären.

Immerhin übernahm ich damals die Aufgabe, dem Institut eine ausführlichere Darstellung zu widmen, und dies war einer der Gründe, warum ich jenen Aufsatz nicht in die Gesammelten Abhandlungen übernahm. Ich gebe sie hier und möchte gerne, daß diese historische Studie die Billigung unseres Jubilars finde, der, wie ich, in der Jugend dem französischen Rechte so nahe stand; denn ihn muß, wie mich, das rheinische Recht anmuthen, wie ein Klang aus fernen Tagen, wie eine Erinnerung an aufstrebende jugendliche Zeiten — — —

§ 2.

Der Erbvorbehalt ist also germanisch.[1] Er entspringt dem Gedanken des Familiengutes und Familieneigens, der das germanische Recht erfüllt und der das Beispruchsrecht und die Erblosung gezeitigt hat. Das Vermögen ist nicht ein Vermögen des Einzelnen, es ist auch nicht ein Vermögen des Hausvaters, es ist ein Vermögen der Familie. Der Hausvater verwaltet es nur als Organ dieser Familie, als Träger der Familieninteressen. Er ist daher bei Veräußerungen regelmäßig an die Zustimmung der Familie gebunden; und holt er diese nicht ein, so hat man einen Rückruf von Seiten der Familie zu gewärtigen. Dies ist der Gedanke, der den Urkundenstil und das Urkundenleben in Frankreich durchzieht, von dem Momente an, wo sich die Urkundenschätze eröffnen, bis tief in das 12. und 13. Jahrhundert hinein.

Und zwar finden wir dies in allen Theilen Frankreichs. Im Süden, in der Mitte, im Norden, im Osten und Westen. Man hat hier von gallischer Eigenart gesprochen, man hat die Entwickelung dem keltischen Rechte anzureihen versucht. Das mag theilweise richtig sein; allein das keltische Recht folgte, wie das germanische, nur eben den Grundsätzen des indogermanischen Rechtes; denn die Gesammtfamilie mit Gesammtrecht und Gesammteigen ist urindogermanisch, während die römische Gestaltung, mit ihrer Tyrannei des Familienvaters, nur ein vereinzeltes

1) Ueber das germanische Notherbrecht geben die meisten Lehrbücher des deutschen Privatrechts nur höchst Unvollkommnes; so Stobbe § 305, dem der prinzipielle Charakter und der großartige Zug des germanischen Notherbrechts ganz fremd bleibt; besser Heusler, Institutionen II S. 608f., namentlich aber Gewere S. 43f.; Ficker, Erbenfolge III 2 S. 276f. kommt, wo er auf unsere Fragen eingeht, meist zu unrichtigen Resultaten.

Zerrbild des uralten arischen Gedankens ist. Aber jedenfalls hat hier das germanische Recht, das Recht der Gothen, Burgunder, Franken und Normannen auch seine Triebkraft entwickelt, und es mußte zum gleichen Systeme führen; das einheimische keltische Recht konnte hier, wie in der Gütergemeinschaft, nur dazu dienen, daß sich die germanischen Ideen befestigten und im Kampfe mit der römischen Gesellschaft und mit dem römischen Rechtsleben siegreich blieben. Und so finden wir denn die Idee des Familiengutes nicht nur im Norden, wir finden sie mit ganz besonderer Zähigkeit in den Ländern, die man als die Länder des geschriebenen Rechtes zu bezeichnen pflegt.

Die französischen Urkunden zeigen uns fast durchgängig bei den Uebertragungserklärungen folgendes Bild: der Veräußerer tritt in der Veräußerung aus seiner Familie heraus; er hat seine Familie hinter sich und fürchtet ihr Eingreifen; er sucht darum das Recht des Erwerbers durch irgend welche rechtlichen Hilfsmittel der Anfechtung der Familie zu entziehen. Dies geschieht in verschiedener Weise.

a) Die Sicherung gegen die Familie erfolgt dadurch, daß man die künftigen Erben selbst zum Rechtsgeschäft hinzuzieht. Hier tritt der Gedanke des Familiengutes am klarsten hervor, indem der Vater mit Frau und Kindern zusammen als handelnd auftritt.

So im Cartular v. S. Victor in Marseille nr. 36 (11. Jahrh.):

Ego E . . . et due sorores mee, et alter E. consobrinus meus cum duabus sororibus suis et Silvester consobrinus noster cum duabus sororibus suis vendimus . . . .

So in Carcassone 1141 [2]:

Ego . . . et fratres mei B. et A. donamus.

So im Cartulaire der Kathedrale von Grenoble (Cart. von S. Hugues), Urkunde vom 10./2. 1110 nr. 80:

Ego . . . et uxor mea . . et infantes mei vendimns (es handelt sich um ein Gut, das von der Frau herrührt).

b) Oder es veräußert der Hausvater, aber die Hausmitglieder treten billigend ein. [3]

So im Cartulaire von Grenoble 11./6. 1108 nr. 58:

reddidi et donavi . . . Et hoc laudaverunt fratres mei (es handelt sich um einen Kauf, denn der Empfänger zahlt 50 sol.);

so ebenda 1100 nr. 112:

Ego . . . . reddidi Deo et beate Marie . . . . omnem meam

2) Cartulaire et archives de Carcassone V p. 310.

3) Nach der bekannten Form: cum consensu propinquorum meorum; sicut nostris amicis placuit etc.; vgl. Zimmerle, Stammgutssystem S. 124 f.

decimam, quam ego habebam .... Hoc laudavit filius meus Odo et ceteri filii mei et uxor mea.

Sehr bezeichnend ist es in dieser Hinsicht, wenn in einer Urkunde vom 10./5. 844 im Cartular von Redon (nr. 112) den Verwandten, offenbar für diese Zustimmung, ein Theil des Kaufpreises zugewendet wird:

Unde accipi a te precium .... hoc est sol. VIII et den. VI et ad propinquos meos sol. IV et den. I.

Ebenso in einer Urkunde aus Anjou v. 1114 (Bibl. de l'école des chartes XXXVI p. 424): der Sohn Buccardus bekommt 6 denarii pro concessione.

Ebenso wird uns aus Bayonne bezeugt, daß in den dortigen Urkunden die Verwandten zu den Veräußerungen hinzuzutreten pflegten (Balasque, Etudes historiques sur la ville de Bayonne II pag. 286).

c) Eine weitere Art der Sicherung, einen Versuch, dem Rechte der Erben zu entgehen, zeigen die Straf- und Verfluchungsklauseln: die Klauseln, die gegen Jeden gerichtet sind, welcher die Veräußerung anzufechten wage; ein Kunstmittel, das sich in merkwürdiger Uebereinstimmung im Orient und im Occident findet. Die Tafeln, die man aus den Zeiten des assyrischen und babylonischen Reiches in Mesopotamien ausgräbt, zeigen uns denselben Typus, wie die französischen Urkunden in den Pergamenten des 9. bis 12. Jahrhunderts.

So Urkunden im Norden Frankreichs im Cartular von Redon:

Urkunde von 833 nr. 231:

si quis vero ... aut ego ipsa aut ullus de coheredibus vel propinquis meis seu quelibet et missa (alia?) persona, quae contra hanc donationem venire vel calumniam generare presumpserit, duplum tantum, quantum ista continet, multa componat et, quod repetit, non vindicet.

Also das duplum![4]

Oder eine bestimmte Strafsumme; so 6./6. 827 nr. 252 (Cartular von Redon):

si fuerit aut ego ipse aut ullus de coheredibus meis vel quislibet alia persona, qui contra hanc vendicionem aliqua calumnia vel repeticionem generare presumpserit, illud, quod repetit, non vindicet et insuper contra cui litem intulerit, solidos C componat.

Ebenso häufig in den Urkunden der Languedoc; so Urkunde vom 27./12. 1067 (Vaissete V nr. 283):

---

4) Vgl. lex Alemann. und lex Bajuw. I 1 und 2 und die Formeln bei Zeumer S. 80, 203, 247, 345 f. Ob im duplum bereits Römisches Recht steckt? Vgl. Petri Except. I 61 (c. 46 § 7 de episc. et cler.).

qui hoc vobis voluerit disrumpere ..., nullo modo possit facere, sed pro sola presumptione in duplo vobis totum componat.

Aehnlich nr. 37, 39, 598. Vgl. auch die Urkunde v. 971 (Bibl. de l'école des chartes XXXVI p. 442): Ersatz der Ameliorationem.

So im Cartular von S. Victor in Marseille 11. Jahrh. nr. 36: si quis de heredibus nostris vel aliqua persona hanc nostram venditionem irrumpere voluerit, non valeat assequi, quod male appetit, sed cogatur .... monachis duodecim libras auri purissimi exsolvere .....

So Urkunde im Cartulaire der Abtei Conques in Rouergue (Docum. hist. de la Soc. de l'Ecole des chartes) vom Februar 801 nr. 1: si ego forsitan ... aut alii heredes mei .... contra donationem istam ire aut agere voluerit, ei non liceat, sed componat ... auri libra una et hoc, quod repetit, vindicare non valeat;

ferner ib. nr. 144 von 910: si quis, ego ipse ... aut ullus de haeredibus ... contra hanc carta ... ire ... presumpserit, nullatenus vindicet, sed insuper componat ... tantum et alium tantum, quam ipsa vinea ... valere potuerit.

Aehnlich Urkunden in dem Cartular von S. Vincent de Macon: so zwischen 892 und 923 nr. 305:

dono ad ipsam casam Dei .... curtilum unum .... Si quis hoc calumniaverit, auri unciam componat.

So von 954—986 nr. 306:

si quis contradixerit, libram auri componat.

So in Poitou (S. Maixent) vom 10. Jahrh., Archives de l'histoire de Poitou XVI nr. 63:

si quis vero ... post obitum nostrum ullus heres aut propincus ... contra cessionis donationem venire voluerit ......, qui litem intulerit, fisci auri libras C argenti mille coactus exsolvat.[5]

So in Limousin das Cartular von Beaulieu, Mai 841 nr. 20: illud, quod repetit, non vindicet, contra vero, cui litem intulerit, componat solidos tres mille, et hac venditio .... maneat inconvulsa..

---

5) Wie sich Orient und Occident berühren, davon will ich nur ein Beispiel geben. In einer Urkunde aus dem 5. Jahre des Nabonid, also schlankweg 550 Jahre v. Chr., heißt es: „Rückforderungsklage wird nicht sein, nicht werden sie sich umwenden, wider einander werden sie nicht klagen. Wann immer von den Brüdern, Söhnen, Verwandten männlicher und weiblicher Linie ... wer da klagt: „dieses Feld ist nicht gegeben, das Geld nicht empfangen worden", der Zugrechtausübende wird das Geld sammt 12 (von 60) zurückgeben." — Uebersetzung von Peiser in der Schraderschen Sammlung assyr.-babyl. Texte IV Seite 225.

Oder es wird der Fluch ausgesprochen über jeden, der es wage, an der Uebertragung zu rütteln; vgl. lex Alem. Bajuw. l. c., Formeln bei Zeumer S. 73, 78. So Urkunde von 989 aus der Languedoc (Vaissete nr. 147):

quicumque temptaverit, iram Dei incurrat.

So im Cartular von S. Victor in Marseille nr. 36 (11. Jahrh.)

iram Dei incurrat perpetuumque supplicium sine fine luat; ähnlich 37, 39 (11. Jahrh.), 598 von 970.

So nr. 834 von 1058:

insuper dampnetur in inferno inferiore cum Juda traditore, nisi penituerit digna satisfactione ....

So Urkunde im Cartular von Macon zwischen 1031 und 1062 nr. 483: si quis requirere aut S. Vicentio ... in futurum voluerit calumniare, ... non valeat adimplere vel proficere, sed pro ipsa presumptione subjaceat maledictioni eterne ...

So Urkunde in Poitou (S. Maixent) in den Archives de l'Hist. de Poitou XVI nr. 64 aus dem 10. Jahrh.:

si aliquis contra hanc donationem surrexerit, maledictus a Deo omnipotente sit;

ebenda XVI nr. 63: si quis vero ... post obitum nostrum ullus heres aut propincus .... contra cessionis donationem venire voluerit aut eam infringere temptaverit, inprimis iram Dei omnipotentis perpetueque virginis Marie cum omnibus sanctis incurrat et sub Dei maledictione in eternum .... pereat confusus sine recuperatione, et in die judicii excommunicatus appareat ... sub anathemate pereat in eternum retrusus in inferno.

So im Cartular von Savigny (bei Lyon) 18./10. 959 nr. 131:

iram dei incurrat, omnibus maledictionibus, quae in libris divinis continentur, subjaceat ...

So im Cartular von Aisnay zwischen 1022 und 1032 nr. 119:

sit anatematizatus et dampnatus cum Datan et Abiron et cum Juda traditore Domini, et insuper persolvat ... auri libras V.

Oder es wird einfach die repetitio verneint; so Urkunde aus der Languedoc vom Juli 1040 (Vaissete nr. 217):

De repetitione vero si quis, ego B aut ullus de haeredibus meis, contra hanc cartam venditione ista inquietare praesumpserit, non habeat potestatem faciendi, sed stabilis et firma maneat omni tempore.

Und so in unzähligen Urkunden; dies würde noch mehr hervortreten, wenn es nicht häufig den Herausgebern, wie z. B. Vaissete, beliebte, solche Dinge mit einem einfachen „etc.“ abzufertigen; ein Gebrauch, dem nicht genug entgegengetreten werden kann.

§ 3.

Der Erbvorbehalt kann sich auf das ganze Vermögen des Hausvaters beziehen, und dies ist wohl das ursprüngliche: es ist ein uralter indogermanischer Gedanke, daß, was im Kreise der Familie erworben wird, der Familie gehört. Aber, wie in anderen arischen Rechten, so findet sich auch bei uns bald eine Sonderung zwischen angeerbtem Familiengut und Errungenschaft. Was ein Familienmitglied, was insbesondere der Hausvater erworben hat, steht seiner Persönlichkeit näher: diese Persönlichkeit stellt sich zwischen das Gut und die Familie, und man gestattet ihr mehr oder minder eine frei Verfügung. Und so beschränkt sich der Gedanke des Familieneigens allmählich auf das Familiengut im engeren Sinne. Diese Entwicklung tritt vielfach im Urkundenleben hervor; vielfach wird erwähnt, daß eine Liegenschaft, die man veräußert, nicht angeerbt, sondern erworben ist; es wird dies ausdrücklich hervorgehoben, um die Veräußerung als eine berechtigte und unanfechtbare erscheinen zu lassen,[6] wenn es auch begreiflich ist, daß selbst hier der Urkundenstil häufig zur gewohnten Kautel griff und man sich der Zustimmung der Erben in der einen oder anderen Weise versicherte.

Uud so hat sehr bald, in der gewohnheitsrechtlichen Entwicklung, der Unterschied zwischen Erbgut und Errungenschaft das Rechtsleben beherrscht. Erbvorbehalt wie Erblosung pflegte man nur gegenüber dem Erbgute zu entwickeln: Errungenschaft und Fahrniß wurde der Veräußerung des Individuums mehr oder minder freigegeben.[7] Erbgut aber war das angeerbte liegenschaftliche Vermögen, und zwar finden wir hier eine verschiedene Entwicklung. In den Rechten des Nordens genügte ein einmaliger Erbgang vom Vater auf den Sohn, um die Liegenschaft zum Erbgute zu machen. Nach anderen Rechten, namentlich im Süden, war eine zweimalige Vererbung erforderlich, und zwar vielfach eine zweimalige

---

6) Vgl. Urkunde in Cartular von Savigny von 959 nr. 131: cedo aliquid ex rebus meis, quae mihi ex legali conquisto advenerunt; Urkunde aus Anjou von 1114 (Bibl. de l'école des chartes XXXVI p. 424): quae praedicta terra de emptione et adquisitione fuerat et, cui ipsi voluissent, eam libere vel quiete dare aut dimittere potuissent . . . Vgl. auch lex Burgund. I 1.

7) Man denke an das analoge Erbgütersystem im Hamburger und Lübischen Rechte (vor den Gesetzen von 1861 u. 1862).

Vererbung in absteigender Linie: ein Uebergang vom Großvater auf den Enkel durch den Sohn hindurch. Das Erbvermögen mußte bonum avitum sein; die Erbgüter hießen biens avitins, biens papoaux.

So hat sich der Gedanke der Familieneinheit mit besonderer Lebhaftigkeit in einigen Rechten des äußersten Südens wie des äußersten Nordens, des gemischt gallisch-germanischen Rechtslebens erhalten. Wir finden ihn nirgends klarer entwickelt, als in Bayonne und in der Béarn, nirgends klarer als in Artois. Hierauf muß ich zunächst eingehen. Allerdings mögen im Süden einige Eigenheiten des pyrenäischen Rechtsgebrauchs mit unterlaufen sein, worauf vielleicht die besondere Art des dortigen Erstgeburtsrechts beruht; im Allgemeinen sind es die Züge des germanischen, hier des gothischen Lebens, die uns entgegentreten.

Im Stadtrecht von Bayonne (um 1273)[8] ist Erbgut, papounage, eine Liegenschaft, die vom Großvater (papon) her bis zum Enkel gelangt und so abwärts zweimal in Erbgang gekommen ist:

quent le conqueste aquere es descendude et aberade a emfantz daquetz assi qui lo principiau conquestedor sie papon dous emfantz, labetz es le conqueste aquere de linhadge, non pas quent conqueste es de pay et de may (ch. LXXXV 1).

Ebenso LXXIII: tote heretat es de linhadge qui per tres successions directes feytes continuadementz de papon o davang en batz passe le terre jolhade et da dret de heretar cum de linadge.[9]

Nicht genügen konnte es, wenn die Liegenschaft vom Vater auf den Sohn und vom Sohn auf den Bruder übergegangen war. (Ebenda.)

Ueber ein solches Erbgut nun konnte man nicht ohne Zustimmung des nächsten Erben testamentarisch verfügen:

ch. LXX a. 1: les causes qui bienen de papon o davant no pot ordenar chetz (= ohne) voluntat dou prim.

Der nächste Erbe war der prim, der prim torner, und solches war der älteste Sohn, und wenn kein Sohn vorhanden, der Vatersbrudersohn oder Muttersbrudersohn.

Doch stand es dem Vater, wenn er mehrere Kinder hatte, zu, diese Erbgüter beliebig unter die Kinder zu vertheilen:

---

8) Bei Balasque Etudes historiques sur la ville de Bayonne II p. 594 ff.

9) So auch Marsan, Successions a. 5 (B. de R. IV p. 908): sont des biens avitins. quand seront passez par deux successions et viendront à la troisiesme, supposé que lesdites successions (ne) vinssent de l'ayeul au fils et du fils au neveu en descendant; ains vinssent par ligne collaterale, comme de frere à frere.

ch. LXXIII a. 1: Pay et may qui han heretatz de linhadge, so es assaber de papon o davant .... les poden dar et partir enter los emfantz, acuy meis et acuy meinchs, o dar a lun tot.

Ausgenommen war nur der lar, das Familienhaus, das nach uraltem Herkommen unbedingt dem Aeltesten zukam.

Eine entgeltliche Verfügung über das Erbgut unter Lebenden unterlag der Erblosung, welcher man aber dadurch zu entgehen suchte, daß man dem Losungsberechtigten die Sache zum Kaufe anbot und 9 Tage wartete, ob er eintreten wolle. Doch gingen Erblosung und Erbgut nicht immer Hand in Hand: die Erblosung erfolgte auch bei Gütern, die nicht papounage waren: es genügte, daß man das Gut vom Vater erworben hatte; dann unterlag es der Erblosung der Geschwister, aber auch nur dieser;

ch. XCI a. 1: Qui fons de terre aura de conqueste de pay et de may o de hun de lor, dar le pot a cuy se volera assi cum lo medichs conquestedor far podere, chetz que preparance (= Angebot zum Verkauf) noy fera adarres; mas pero de le vente daquere terre naura affar preparance aus de la ventrade dou conquestedor assi cum son frays et sors.

Dieselben Züge trägt noch das offizielle Recht von Bayonne von 1514. Hier heißt es:

XI a. 6: Le pere et la mere par leur testament des biens papoaux et avitins peuvent, entre leurs enfans et non autres, disposer à leur plaisir et volonté et peuvent avantager l'un des enfans plus que l'autre ou laisser à un le tout, ainsi que bon leur semblera.

a. 7: Sauf la lar qu'est la principale maison, de laquelle ne peuvent disposer qu'elle ne demeure au premier enfant masle, ou s'il n'y a masle, à la premiere fille.

Entgeltliche Veräußerungen unter Lebenden bleiben auch in Bezug auf das Erbgut bestehen:

IV. 7: Mayeur de vingt-cinq ans, seigneur de ses droits peut aliener à sa volonté tous ses biens, soient biens acquis ou de succession, meubles ou immeubles, natürlich auch hier vorbehaltlich der nicht näher zu entwickelnden Erblosung, V a. 1 ff.

Aehnlich in den Fors de Bearn (1551). Auch hier ist die Veräußerung des Erbgutes untersagt, und Erbgut ist auch hier das liegenschaftliche Vermögen, das vom Großvater her kommt; allein nicht nur dieses:

Rubr. de contractes a. 5 (B. de Richeb. IV p. 1085): Et son

dijtz beês de primessà et subjectz à ladijtà tornarià los qui son trobatz esta poseditz per tres de un medixs lignage successivament et continuadament, sian per linhà descendentà, ascendentà ô collateralà, compreês lo venedo[r].

Hiernach kann also auch die Erbfolge durch den Bruder mit in Rechnung kommen.

Die Unveräußerlichkeit des Erbgutes ist noch die Regel; doch giebt es Ausnahmen:

a. 6: Alienation universala de beês avitins . . . no sera valable en deguna sorta, sens necessitatz conegudas, cum son

per marida filhs ô filhas,
per se redemè de preson et excominge,
se alimenta,
incendi

et autres caas semblables ô plus grans à l'arbitre deus Juratz du loc ô Judges de la Cort deu Seneschal . . . . .

So die Veräußerung des ganzen Erbbesitzthums. Einzelne Sachen konnte man per titre de venta ô autre titre oneroos veräußern sens tal conexença de causa; mes si se vendé ô alienabà autrement que no apertient à un bon pay de familia ô per fraudà, lo prim . . . lo podera far interdise l'alienation de taldijtz beês (a. 7).

Im Uebrigen gilt das Erblosungsrecht.

Die Ausnahmen von der Unveräußerlichkeit beziehen sich natürlich nur auf die belastete Veräußerung, nicht auf Schenkung und Testament: hier bleibt die Unverfügbarkeit bestehen.

Soweit die Erbgüter. Das andere Vermögen kann frei vergabt werden:

Deus beês adquisitz cascun en pot disposà a sa guisa et de tout autre qui no sia de primessa (a. 3).

So auch schon die alten Fors aus dem 13. Jahrh. (M a z u r e et H a t o u l e t) a. 178: Tote cause, qui jo aye crompade, pusc dar o bener a cuy me plasera, sentz autrey de filh ni de filhe; et que en queres causes no ha torn.

Das Gleiche finden wir noch im 16. Jahrhundert in den Coutumes von L a b o u r t und von S o l e.

In L a b o u r t (1514) heißt es V 1: L'on ne peut vendre, hypothequer ou autrement aliener les biens papoaux et avitins, si n'est pour assignation de mariage ou urgente necessité, et alienations autrement faites sont nulle et de nul effet et valeur, si ce n'est qu'elles soient faites du consentement de l'aisné émancipé ou du prochain, qui par la coustume doit succeder.

Und ferner XI 4: Des biens avitins l'on ne peut tester que du consentement de celuy qui doit succeder, et s'il est fils, faut qu'il soit émancipé . . .

Ebenso Sole (1520) XVII 1: Lom ne pot vendar, ypothecar ou autrement alienar los biens papoaux et avitins assis au pays de Sole, sinon es per assignation de doari de maridadge, ou urgente necessitat, et alienations autrement feytes son nulles et de nul effet et valor, si non que sien feytes de consentiment deu primogenit emancipat ou deu plus prochain qui per la coustume deu succedir.

Und XXVI 4: Deux biens avitins no pot testar que de consentiment dequet qui deu succedir, et s'il es filh, faut que sie mancipat.

Die Veräußerung war also nichtig, abgesehen von gewissen Fällen, und in diesen Fällen galt noch die Erblosung; so Labourt VI 3 f., so Sole XIX 1: Si aucune cause de papoadge en cas permis es vendude, lo plus prochan à succedir deu venedor de degré en degré los pot recrubar dedens lo termi de quarante un ans consecuthivs.

In S. Sever (1514) sind gleichfalls die biens avitins et papoaux zunächst unverfügbar; auch hier sind dies Güter, die vom Großvater her angefallen sind. Allein die Unverfügbarkeit hat doch eine Ausnahme: es ist dem Erblasser gestattet, darüber raisonablement Bestimmung zu treffen, XII 4, etwas was im Gewohnheitsrecht von 1514 dahin festgesetzt ist: a) er kann jüngeren Kindern, die durch das Aeltestrecht benachtheiligt sind, ein Drittel der Erbgüter zuwenden; b) wenn er keine Kinder hat, so kann er seinem Ehegatten ein Drittel zuwenden; c) eventuell endlich kann er für seine Seele als Seelgeräthe ein Drittel dahingeben, XII 5 und 6.

§ 4.

Eine überraschende Aehnlichkeit zeigen die Rechte des Nordens, so vor allem das Landrecht von Artois. Nach dem alten Landrecht von Artois[10] kann der Eigner das Erbgut nur veräußern par l'assentiment et le gré de son hoir, par povreté, por achater plus soufissant hiretage, XXIII a. 1.

Im ersteren Falle mußte der nächste Erbe am Veräußerungsakte theil=

---

10) Ed. Tardif (1883).

nehmen und da dieser hier, wie überhaupt in den nördlichen Provinzen, in der Art der feudalen Auflassung geschah, d. h. durch Auftragung des Rechtes an den Grundherrn und durch Beleihung des Erwerbers durch diesen, so war der nächste Erbe zum Akte der Auftragung hinzuzuziehen, wenigstens, wenn es sich um ein Lehen handelte. Was aber die echte Noth, poverté, betrifft, so mußte sie vom Veräußerer mit zwei Eideshelfern gerichtlich beschworen werden, XXIII 7.

Auch im späteren Landrechte von Artois (1509) Art. 50 sind nur drei Fälle der Veräußerung gegeben:

par le gré et consentement de l'heritier apparent

... par remploy, assavoir en remployant les deniers de la vendue desdits heritages en heritage de telle nature et valeur

oder par necessité jurée par le vendeur et prouvée souffisamment par deux tesmoings dignes de credence.

Ebenso noch Artois (1544) a. 76. 77, mit der Besonderheit, daß bei nichtritterlichem Gut (patrimoniaux cottiers) die Zustimmung sämmtlicher bekannter Erben nöthig ist, ansonst nur die Zustimmenden gebunden sind.

Eigenartig ist es, wie die Lokalrechte im Gebiete von Artois mächtig darüber hinausstreben und die Fessel zu sprengen suchen. Zu den Lokalrechten, die sich nicht fügen, gehört insbesondere Lalleue; hier heißt es:

(B. de Richebourg I p. 371): pour vendre, charger ou aliener son heritage n'est requis avoir le gré et consentement de son heritier apparent, ny faire remploy ... ny aussi jurer ny faire prouver necessité; so bestimmt ferner Aire a. 18 (B. de R. I p. 320): Un chacun peut et luy loist vendre, ceder et transporter pour ses necessitez et affaires ou autrement à son plaisir ses maisons .... sans pour ce y observer l'une des trois voyes requises et necessaires par la Coustume generalle d'Artois (vgl. auch B. de R. I p. 317). So auch Bapaumes (B. de R. I p. 328): l'on n'est submis d'observer nulles des voyes requises par la coustume generale d'Arthois, und ebenso auch Bapaumes (1670) a. 11.

Den nämlichen Weg betritt mit einigen Beschränkungen S. Pol a. 3 (B. de R. I p. 352), während S. Pol a. 30, 31 (ib. p. 355) sich wieder dem allgemeinen Landrecht von Artois fügt. Diesem ordnen sich auch das Lokalrecht von Roclencourt unter a. 5 (ebenda p. 424): il convient y garder l'une des trois voyes ...; ebenso Dainville a. 4 (p. 426).

Danach wäre im allgemeinen Landrecht von Artois eine jede schenkweise oder letztwillige Disposition ohne Zustimmung des Erben ausgeschlossen gewesen. Jedoch machte das Statut (1509) davon zwei Ausnahmen:

a. 58: Il est loysible à chacun, leguer et donner par testament et non autrement, sans appeler son heritier, les fruits, proufits et revenues de trois ans de partie ou de tous ses fiefs, soyent patrimonianx ou autres, pour par le legataire en jouyr incontinent après le trespas dudit testateur; und

a. 59: Il est permis à un chacun, donner par disposition derniere, et non autrement, au desceu et sans le consentiment de son heritier un quint de tous ses fiefs par don d'aumosne pour par le legataire en jouyr paisiblement comme de sa chose.

So auch 1544 a. 90. 91; so auch das Lokalrecht von Hesdin (B. de R. I p. 333): pourveu que le don soit par forme de quint d'aumosne. — — —

Auch die Statuten von Beauquesne (1507) a. 28 bestimmen die drei Wege, auf denen man allein Erbgut (héritage patrimonial) veräußern kann: consentement de son heritier apparent, ... remploy des deniers de la vendue en autres héritages ...., par poverté et necessité suffisament jurée et approuvée par le vendeur et par deux temoins dignes de foy.

Ebenso das alte Recht von S. Paul a. 36 (B. de Richeb. I p. 163).

Auch in Rheims (1481)[11] soll das Erbgut nur in drei Fällen veräußert werden, wozu der Fall der Zustimmung des Erben und der Fall des gerichtlich anerkannten Nothbedarfs gehört, a. 54—56; 106—108; bei sonstiger Veräußerung soll das Veräußerte zu einer billigen Schätzung von den Erben zurückgerufen werden können — jedoch nur dann, wenn mehr als die Hälfte des Erbgutes veräußert worden ist; vgl. unten S. 24.

Auch in Boulenois (1493) a. 73 und (1550) a. 124 findet sich das Beispruchsrecht in der angeführten Weise; so (1493) a. 73:

nul ne peut donner, vendre, charger, ne autrement aliener son heritage à luy venu et eschu de ses predecesseurs, se n'est quant à matière de don par le consentement exprès de son heritier apparent, et en matière de vendition, alienation, si n'est aussi par le consentement exprès dudit heritier apparent, ou par necessité jurée et affermée par le vendeur, ensievy par deux temoins.

---

11) Ed. Varin. Nur Lehnsgüter können ohne Beschränkung verschenkt werden, a. 347, 351 ebenda.

Doch im alten und neuen Rechte gilt daneben das System des quint datif: man darf über $^1/_5$ des Erbgutes, und dazu noch über die dreijährigen Früchte des ganzen Erbgutes verfügen; so Boulenois (1493) 52. 53, (1550) a. 88. 89; und so auch Montroeuil (1507) a. 71 (anders a. 63) und (1567) a. 34.

So bestimmt Montroeuil (1507):

a. 71: un chacun peut donner un quint de son heritage par forme de quint datif à qui qu'il lui plaît, sans le consentement n'ottroy d'hoir . . . et ce tant par don entre vifs, comme par don testamentaire. Et pareillement peut un chacun donner à qui qu'il lui plaît sans ottroy d'hoir . . . la revenue des trois ans prochains et ensuivans le trépas du donateur de tous ses heritages à lui venus de la succession de ses predecesseurs.

Demgemäß auch das neue Stadtrecht von Montreuil (1567) a. 34.

Ganz entsprechend nach allen drei Richtungen hin das alte Recht S. Omer a. 60. 64. 65 (B. de Richebourg I p. 287, auch p. 281); im neuen Recht von 1612 a. 48 ist die Veräußerung unter Lebenden freigegeben, auch die schenkweise: Un chacun peut ceder ou donner par don d'entre vifs ou aultrement... ses maisons, terres et heritaiges patrimoniaulx non feodaux; der quint datif für letztwillige Verfügungen aber, a. 27 ist erhalten: disposer de ses biens meubles, debtes, chateulx, acquests et biens disponibles. Diese biens disponibles können nur der quint datif sein.

Entsprechend auch Lilers (B. de R. I p. 379): Tous propriétaires d'heritages feodaux peuvent disposer par leurs testamens et autrement du quint et revenus feodaux, à qui bon leur semble.

Hier sind wir also bereits bei dem berühmten Verfügungsfünftel, dem quint datif, angelangt. Eine Reihe von Gewohnheitsrechten aber hat den Satz, daß man über Erbgüter überhaupt nicht testamentarisch verfügen dürfe, also auch nicht bis zum Fünftel, aufrecht erhalten. So Clermont en Argonne (1571), wo nur gestattet ist, für fromme Zwecke ein Drittel zu vermachen, VII 3, und wo befindete Personen auch nicht schenkweise über das Erbgut verfügen dürfen VI 1; so Angle (1586) a. 29, wo man Erbgut verkaufen, aber nur mit Genehmigung des Erben vergaben darf; so S. Mihiel (1598) IV 1, wo der testamentarische Vorbehalt sich auf das ganze Erbgut bezieht; so Espinal V 1 (für Schenkungen und Testamente); so Marsal (1627) a. 51, wo der Kinderlose über die Errungenschaft, aber nicht über das Erbgut verfügen kann.

In Estampes (1556) a. 103 ist die Verfügung über das Erbgut=

fünftel gestattet, aber nur dann, wenn kein bewegliches Vermögen von einiger Bedeutung vorhanden ist.

In Bar endlich (1579) a. 168 und 98 ist die Verfügungsmacht des Erblassers auf ein Sechstel beschränkt, Schenkungen sind frei.

Die Schenkungsfreiheit aber entstammt der fränkischen Verordnung, dem Capit. leg. add. von 818 § 5 (Cap. I p. 282).

§ 5.

Das Erbgut wurde also unter Lebenden veräußerlich: veräußerlich, vorbehaltlich der überall entwickelten Erblosung. Aber auch die letztwillige Verfügung konnte, wie soeben gezeigt, nicht gänzlich ausgeschlossen bleiben; vor allem war es das Seelgeräthe, die Veräußerung zum Seelenheil, die dem Erblasser nicht abgesprochen werden konnte. Galt doch die Veräußerung zum Seelenheil nur uneigentlich als eine freigebige: die ganze Denkungsweise des Mittelalters ist ja von der Idee durchzogen, daß die Befreiung der Seele von den Schlacken der Sünde durch die Hingabe an die Kirche eine Gegenleistung höchsten Ranges sei; auch gelangte noch außerdem der Gedanke zum Durchbruch, daß, was man der Kirche schenke, nicht eigentlich gegeben, sondern zurückgegeben werde: zurückgegeben dem Herrn, von dem man es empfing.

Die Entwicklung drängte also dahin, zunächst für das Seelgeräthe, sodann aber auch für andere Zwecke die Fesseln zu sprengen und einen Theil des Erbgutes verfügbar zu machen; so entwickelte sich der Freitheil: der übrige Theil des Erbgutes bildete dann den Erbvorbehalt. In zahlreichen und ganz besonders wichtigen Gewohnheitsrechten nun wurde der verfügbare Theil auf ein Fünftel festgesetzt; Beispiele gab schon das Vorige; allein dies waren nur erst einige Beispiele: das System des Fünftel war weit verbreitet; es durchzog siegreich große Theile des Nordens; es findet sich in Vermandois, es beherrschte das Pariser Recht, es beherrschte das Recht von Orleans schon im 13. Jahrhundert.

Zunächst seien noch einige Gewohnheitsrechte des Nordens erwähnt, die im 14. Jahrhundert aufgezeichnet wurden, aber jedenfalls noch auf ältere Zeit zurückgreifen. So heißt es im ancien coutumier de Picardie a. 73:[12]

se on peut donner le quint de sen fief à cui que il veult et non plus? Respont, que cascuns nobles peut donner le quint à cui que il veult; et se il donne plus, le sourplus ne tenra mie selonc le coustume.

---

12) Ed. Marnier (1840) p. 62.

Ist über das Fünftel geschenkt, so ist das Zuviel zurückzugeben; und zwar zunächst vom zuletzt Beschenkten:

se un homs a donné tant sur se terre l'un après l'autre, se li outre plus sera subtrais du derrain don ou de cascun selonc se quantité? Respont: se li donnerres a donnés dons em pluseur lieux, de quoy li hyretages soit carquiez à pluseur parties, il dequerra du derrain don, et commenchera on au premier, en sievant l'un après l'autre dusques au res du quint.

Ebenso heißt es in den alten Gebräuchen von Amiens (Anfang des 14. Jahrh.) a. 4:[13]

Cascuns peut donner le quint de ses hiretages à cui que il veult sens faire tort à sen hoir.

Ausgenommen sind die Schenkungen an die todte Hand, die man auch sonst beschränkte.

Dabei enthält Amiens 4 noch die interessante Bestimmung, daß ein und dasselbe Erbgut in derselben Familie nur einmal der Fünftelverfügung unterliegen kann:

On ne poet quintier hyretage que une fois; et tant que l'iretagez qui a esté quintiés demeure en le main des hoirs quel lointaing que il soient, ne de queus degrés che soit deschendus, on ne le peut jamais quintier.

Anders wenn es im Erbgang aus der Familie fällt und in der neuen Familie wieder Erbgut wird; dann ist es ein neues Erbgut und wieder des Fünftels fähig:

il carroit de nouvel en hyretage et prenderoit costé, et aussi li hoir, à cui il esquerroient, porroient tout de nouvel de requief donner le quint del hyretage.

Im Stadtrecht Amiens von 1507 ist die Verfügungsgewalt dahin erweitert, daß der Eigner das gesammte Erbgut unter Lebenden verschenken, aber nur über das Fünftel, über den quint, von Todes wegen verfügen darf, a. 1 und 4:

il ne pourroit disposer par testament et derniere volonté de ses propres heritages . . . succedez et échus de ses prédecesseurs, sinon du quint seulement.

Ebenso das Stadtrecht Amiens' von 1567 a. 46 und 57.

Die Erblosung für den Fall entgeltlicher Veräußerung von Erbgut ist natürlich hier, wie sonst, gewahrt, 1507 a. 47f., 1567 a. 167f.

---

13) Marnier ib. p. 146; auch bei Thierry, Monum. inédits de l'histoire du tiers état I p. 162. Hieraus ergiebt sich klar, daß das Schenkungsrecht in der Cout. 1507 erst eine neue Entwickelung ist; verkehrt Ficker S. 276f.

So treffen wir das Fünftelrecht in Vermandois und Beauvoisis. Wir können es bis in das 13. Jahrhundert hinab verfolgen und finden hier bereits festen Halt;[14] denn die zwei größten Coutumisten haben es entwickelt, welche beide hintereinander baillis von Vermandois waren, Pierre de Fontaines und Beaumanoir.

Pierre de Fontaines, Conseil XXXIII 12 besagt:

Li pères puet, par nostre usage, lessier le quint de son éritage, s'il tient l'éritage franchement ou à cens ou à terrage . . .

und XXXIII 15:

Se li pères a muebles et conquez et héritages, por ce s'il fait lès de ses muebles et de ses conquez, ne lerra-il mie qu'il ne lest ausint le quint de son héritage, s'il veult.

Und so Beaumanoir XII a. 365:[15]

chascuns gentius hons ou hons de poostè qui n'est pas sers, puet, par nostre coustume, lessier en son testament ses muebles, ses conquès et le quint de son eritage la ou il li ples, essieutés ses enfans as queus il ne puet plus lessier a l'un qu'a l'autre.

Diese Zuwendungen können auch an den Ehegatten erfolgen; auch an die Kirche, allein letzterenfalls mit folgender Eigenheit (§ 367):

Se lais est fais a eglise d'eritage qui soit d'aquest ou du quint de l'eritage, comme l'en puet lessier, li sires de qui l'eritages muet ne le puet defendre; mes il puet commander a l'eglise . . . qu'ele l'oste de sa main et le mete en main laie dedens an et jour . . .

Der Begriff des Erbgutes wird von Beaumanoir ganz im Sinne der nördlichen Rechte bestimmt, XIV 505:

si tost comme l'aqueste vient à ses oirs, ce devient leur propres eritages, puisque l'aqueste descent un seul degré; donques tout le peust cil qui l'aquesta tout lessier en testament, ses oirs, auquel l'aqueste vient, n'en puet lessier que le quint; et aussi ne le peust nus de son lignage ravoir par la bourse,[16] se cil qui l'aquesta le vendist, mes l'en le ra bien, quant l'oirs le vent. Et par ce apert il que c'est drois eritages, puisqu'il descent ou eschiet un seul degré de lignage.

Später wurde der Begriff dahin festgesetzt, daß auch der Erwerb

---

14) Viollet, Etabl. I p. 128 Note 1 erwähnt Vermächtnisse und Schenkungen des Fünftels aus dem Jahre 1244 (aus einem ungedruckten Cartular von S. Euverte).

15) Beaumanoir ist natürlich, soweit die bis zum XXXIII. Buch gediehene neue Ausgabe von Salmon reicht, nach dieser citirt; sonst nach Beugnot. Vgl. auch noch die Stelle XXXIV 23 (bei Beugnot II p. 13).

16) Natürlich durch Erblosung.

von der Seitenlinie her dem Erbgutrechte verfiel; so namentlich Rheims (1481) a. 3, wonach auch Erwerb von oncle, tante, frere, seurs, cousins et cousines et autres prochains linaigiers en ligne colatérale, tant que la consanguinité se peut extendre, zum naissant et propre gehört.

Das Pariser Recht bietet uns im 14. Jahrh. einen festen Anhalt: die Coutumes notoires (1300—1387) bei Brodeau besagen[17]

a) bezüglich der Schenkung im a. 143:

Une chacune raisonnable franche personne puet à son vivant et par maniere de don, cession ou donation faite entre vifs irrevocable donner, ordener et disposer de son propre heritage et par consequent de ses meubles et conquests à sa plaine voulenté . . ., et valent telles donations, quand elles sont faites par affection raisonnable, que le donnant a, puet et doit avoir au donataire, et quand elles sont faites sans fraude et fiction;

b) bezüglich der letztwilligen Verfügung in a. 7:

Se aucun homme a plusieurs enfans legitimes, habiles à estre ses hoirs, il peut laisser à estrange personne ses biens meubles et conquests selon l'usage et coustume notoire et la commune observance de ville et vicomté de Paris, voire la quinte partie de son heritage propre en sa derniere volonté et testament, et non plus.

Und Jean des Mares (1372 - 1382) hat folgende zwei Stellen:

a. 149 (fast gleichlautend mit Coutume notoire a. 7), vgl. auch a. 70;

a. 237: que nuls ne puet ordener en son testament ou prejudice de ses heritiers, fors que du quint de son heritage.

In Orléans finden wir schon eine Stimme aus dem 13. Jahrh.; denn der Verfasser des Livre de Jostice et de Plet berichtet, XII 3 § 1:

Home ou feme puet doner en testament le quint de son heritage et toz ses mobles et toz ses conquez et plus non, ait enfanz ou n'ait enfanz. D'achest l'en puet testamenter . . . Verboten sind nur die tendenziösen „Haß"verfügungen, VIII 3 § 1.

Im 15. und 16. Jahrhundert häufen sich die Zeugnisse für den quint datif. So Ponthieu (1495) a. 19: sinon par quint et par forme de quint, duquel quint un chacun de franche et liberale condition peut disposer sur ses heritages et les donner à qui qu'il luy plaît sans le consentement de son heritier, soit par don heredital ou viager;

a. 25: peut et luy loist sans le consentement de son heritier et

---

17) Vgl. auch Ableiges II 20, der von der Verfügung über die Hälfte von Errungenschaft und Fahrniß (Gemeinschaftstheil?) und $^1/_5$ Erbgut spricht. Vgl. auch Olim III (2) p. 1010, Entscheidung v. 1315 (Mobiliarschenkung).

à qui qu'il luy plaît, soit par testament ou derniere volonté, donner et legater le quint de tous heritages . . . Et ne peut une personne quinter qu'une fois ses heritages. Vgl. oben S. 19.

In Gerberoy (1507) a. 87, 92, 94 ist die Schenkung frei; testamentarisch kann man über Errungenschaften verfügen und über das Erbgutfünftel.

So denn auch das System des Pariser Stadtrechts: der testamentarische Verfügungstheil ist ein Fünftel des Erbgutes, die Schenkung ist vollkommen frei. Unter den zahlreichen Rechten dieses Systems sind zu erwähnen: vor allem Paris (1510) a. 97, 98, 92, 93; (1580) a. 227, 292; sodann Melun (1506) a. 92, 93; (1560) a. 232, 246, 247; Auxerre (1507) a. 109, 91; (1561) a. 218, 225; so Chartres (1508) a. 78, 91 (neben dem Fünftel noch die Früchte eines Jahres des ganzen Erbgutes); Sens (1506) a. 96, 81; (1555) a. 109, 68; Nivernais (1534) XXVII 4, XXXIII 1; Senlis (1539) a. 218 (jedoch ist hier das Fünftel nur frei, wenn der Erblasser keine Kinder hat; hat er Kinder, so kann er es einem Kinde, aber nicht einem Fremden zuwenden, a. 217, 219); Clermont en Beauvoisis (1539) a. 122, 130, 131 (Verfügung nur zulässig, wenn keine Kinder vorhanden); Valois (1539) a. 84, 86, 133 (nur für Testament); Chateauneuf en Thimerais (1552) a. 109, 113 (ein Fünftel und die Früchte eines Jahres); Montfort (1556) a. 87, 88, 146 (hier auch für Schenkungen); Dourdan (1556) a. 91, 99, 100; Mantes (anc.) X a. 1, XV a. 1—3; (1556) a. 143, 156, 155; Grand-Perche (1558) a. 93, 129;[18] Calais (1583) a. 84.

Orleans (1509) hatte, wie Grand-Perche (1505), den Unterschied zwischen Ritter- und Nichtrittergut und hatte bei letzterem den verfügbaren Theil auf ein Viertel erweitert; a. 232; doch das ist geändert in der neuen Coutume von 1583, a. 275, 292, welche das System des Pariser Stadtrechts annahm.

Einige Rechte erweitern überhaupt den verfügbaren Theil auf ein Viertel oder auf ein Drittel, wobei sie entweder Schenkungen ebenfalls ganz freigeben oder den letztwilligen Verfügungen gleich behandeln.

Das System des Viertels finden wir für letztwillige Verfügungen im Lothringer Landrecht (1594) X a. 1, XI a. 3 und 13; wir finden es auch in Sedan (1568) a. 108, 124, hier allerdings in der

18) In der alten Coutume von 1505 war bei nicht ritterlichem Erbgute der Vorbehalt nur $^3/_4$; außerdem war es gestattet, über die Früchte von 3 Jahren zu verfügen, früher sogar über solche von 9 Jahren. Dagegen galt der Vorbehalt auch für Schenkungen; Donaisons a. 1 und 3.

eigenartigen Weise, daß die Verfügung durch Schenkungen mehr beschränkt zu sein scheint, indem das Viertel nur an einen Erben geschenkt werden darf.

Schon vorhin wurden einige Gewohnheitsrechte erwähnt, welche den Uebergang vom Fünftel- auf das Viertelsystem zeigen: je nach der Art des ritterlichen oder nicht ritterlichen Gutes; so Perche (1505) und Orleans (1509). Ganz ähnlich sind auch Dreux (1508) a. 76, 81, 82 (hier ist auch die Verfügung über die Früchte eines Jahres gestattet), Blois (1523) a. 166, 173, Montargis (1531) Ed. Tardif a. 227, 241.

Das Drittelsystem dagegen ist das alte System von Anjou und Touraine. Wir erfahren dies aus dem I. Buche der sogenannten Etablissements de Louis saint, welches ja größtentheils aus einem Rechtsbuch von Anjou-Touraine besteht und auf das Jahr 1272 oder 73 zurückführt. Hier heißt es I 10:

Gentis hom ne puet doner à ses anfans, à ces qui sont puisné que le tiers de son heritaige; mais il puet bien doner ses achaz et ses conquestes auquel que il voudra de ses anfanz, si feroit-il à un estrange se il voloit . . .

Und I 68: Gentis hom puet bien doner le tierz de son heritage, tout ait-il anfanz ou non[19] — —

eine Stelle, die sich auch in den Ausläufern der Etablissements findet, so in der sogenannten Ordonnance de Jean II a. 18 (bei Viollet, Etablissements III p. 198).

Und auch die alten Texte von Anjou und Maine[20] folgen derselben Spur, jedoch mit einem Uebergang zum Hälftensystem; so von 1411 a. 235 (Text E), so von 1437 a. 1251 (Text F): un gentil homme ne peut donner que le tiers de son heritage, touz ses conquestz et meubles, et le coustumier la moictié des choses censives et le tiers des chommaigées et touz ses achactz et meubles — —,

was im Text von 1463 (J) a. 269 dahin näher erläutert wird, daß in Maine stets das Drittelsystem gelte, in Anjou aber der gemeine Mann (coustumier) bis zur Hälfte seines Zinsgutes verfügen könne; und ebenso der spätere Text L a. 165.

Das spätere Recht dieser Gegenden hat in der Hauptsache das Eindrittelsystem beibehalten, allein sonst eine andere Richtung eingeschlagen, sodaß es erst unten zur Darstellung kommen kann.

---

19) Von Gemeinen spricht der Text nicht; die späteren Texte von Maine und Anjou ergeben, daß auch der „coustumier“ letztwillig verfügen kann, und sogar über die Hälfte des Zinsgutes. Vgl. auch Viollet, Etabl. I. p. 128f.

20) Beautemps-Beaupré, Coutumes de l'Anjou et du Maine.

Das Drittelsystem wird in einem der Ausläufer der Etablissements als Recht der Champagne bezeichnet; im Abrégé champenois 32 heißt es: Frans hons et franche fame peuvent bien laissier le tierz de lor heritaige an cest pais de Champeigne, et an France le quint, et leur meuble et lor conquest ...

In der That findet es sich später noch in Troyes (1509) a. 138, 95, Vitry le français (1509) a. 112, 100, 108, Chaumont en Bassigny (1509) a. 82 und vgl. a. 76, Meaux (1509) a. 26, 27, vgl. 16, 17; so auch Verdun III a. 1 (wo man jedoch das Drittel nur belasten, nicht auch vergaben kann).

Und so bis hinein in das Land von Vermandois, insbesondere Chalons (1556) a. 63, 70 — und zwar hier für Schenkungen unter Lebenden, wie für Testamente, für Schenkungen aber nur, wenn Kinder vorhanden sind, — sonst sind die Schenkungen frei.

In einigen Rechten ist die Verfügung über ein Drittel des freien, über ein Fünftel des belehnten Erbguts gestattet; so in Noyon (1556) a. 20, 17, 18,[21] in S. Quentin (1556) a. 22, Ribemont (1556) a. 55, Coucy 1556) a. 9; so auch in Peronne (1507, bei B. de Richeb. II p. 609) und (1567) a. 165 und in Chaulny (1510) a. 82, 57, 58, 83; (1609) a. 84, 60, 61.

Der Freitheil von ein Drittel findet sich ferner in Bailleul (1632) XIV 9 und 10, und in Pitgam IX (auch für Schenkungen); er findet sich auch in einigen der südlichen Rechte, so in Marsan (aber nur bei Kinderlosen) Successions a. 13, 3, 7 (B. de R. IV p. 908), in Rochelle (1514) a. 44[22] und in Bordeaux (1520) a. 60, 62 (hier für Schenkungen und Testamente); ebenso in der Saintonge a. 61, wo ein jeder, und in S. Jean d'Angely (1520) a. 85—87, wo der Kinderlose über ein Drittel des Erbgutes verfügen kann und wo es außerdem gestattet ist, das ganze Erbgut im Ehevertrag zum Nießbrauche zu geben, a. 16.

Auch das Hälftesystem kommt vor; so in Rheims (1481) a. 79 und a. 95 (für Schenkungen und Testamente); (1556) a. 232, 292 (für Schenkungen und Testamente), so in Laon (anc.) II a. 33, 47, 48, III a. 32, 35 ($^1/_2$ bezw. $^1/_3$, $^1/_4$, $^1/_5$; Schenkung frei), und (1556): hier $^1/_2$ bezw. $^1/_3$ des Erbgutes für das Testament, a. 60; und auch für Schenkungen geht die Verfügungsmacht jetzt nur auf ein Halb, falls der Schenker Kinder hat (sonst ist die Schenkung frei) a. 51.

21) Hier außerdem noch über den Nießbrauch des Vorbehaltsguts. Vgl. auch unter S. Jean d'Angely.

22) Dies ist nach dem Wortlaut nicht ganz sicher, wurde aber aus a. 44 in Verbindung mit a. 42 geschlossen. So Valin's Kommentar II p. 432 f.

Ist auf solche Weise die Verfügungsquote bis auf ein Halb erhöht, so darf es nicht Wunder nehmen, daß einige Rechte den Erbvorbehalt ganz aufheben. Dies ist der Fall in Orchies (1618) II a. 1, Douay (1627) III a. 1, II a. 1 und in Luxenburg (1623) X a. 1:

Encores que cy-devant aucuns ayant tenu pour coustume qu'il n'estoit permis de tester de ses biens, nommement des fiefz, et que selon ce aye esté souvent jugé, neaumoins, comme par les quayers envoyez, tant de diverses Cours feodales et Justices des Villes que du plat pays, le contraire a esté assez clairement prouvé, sera doresenavant observé pour loy et coustume qu'un chacun ... pourra tester de ses biens meubles et immeubles, feodaux ou bourgeois ...

Ebenso Diedenhofen (1661) X 1; auch Tournay (1552) XXIII a. 2, aber nur für den Kinderlosen und über Nichtlehnsgut.

§ 6.

Dieses germanische Vorbehaltsrecht konnte sich nur unter einer mehrfachen Voraussetzung zu einem der modernen Kultur tauglichen Notherbrecht ausbilden. Die erste Voraussetzung war, daß man Schenkungen und letztwillige Verfügungen, wenn auch nicht gleich stellte, so doch ähnlich behandelte; denn ein Notherbrecht, das gegen Schenkungen schutzlos bleibt, ist nur ein halbes Notherbrecht. Der größte Fortschritt aber, zu dem man sich entschließen mußte, war, daß man den schroffen Unterschied zwischen Erbgut, Errungenschaft und Fahrniß aufgab, oder doch mindestens Errungenschaft und Fahrniß in der einen oder anderen Weise in den Vorbehalt mit einbezog. Je mehr die Vermögensbildung überhandnahm, je bedeutsamer die Errungenschaften und die Fahrnißkapitalien wurden, um so mehr mußte es sich zeigen, daß ein Notherbrecht, das bei den Erbgütern stehen bleibt, höchst unvollkommen ist und die Abkömmlinge gerade in den allerreichsten Familien der schnöden Willkür des Erblassers preisgiebt.

Dazu mußte noch ein Weiteres kommen. Das Notherbrecht in Gestalt des gesetzlichen Vorbehaltes ist nur gerecht, wenn es verschieden ist nach der Person des Erben: ein Notherbrecht der Seitenverwandten ist kaum gerechtfertigt, ein Notherbrecht der Ascendenten jedenfalls nicht in dem Maße, wie für die Abkömmlinge.

Dies war die Krisis des Institutes. Hatte die rechtsbildende Kraft die Energie, diesen Umschwung zu vollziehen, so war der Erbvorbehalt für das moderne Recht gerettet; wenn nicht, so mußte er verkümmern und seine Rolle mußte durch andere Institute ausgefüllt werden. Leider konnte sich gerade das für die Entwicklung am meisten maßgebende Recht, das Pariser Stadtrecht, zu diesem Fortschritte nicht aufraffen; es blieb auch hier in einer gewissen Flachheit, und dies ist dem Institut verhängnißvoll geworden.[23]

Dagegen ist ein besonders frischer Zug zu verspüren in den Rechten der Bretagne und der Normandie, sowie in den Rechten, die dieser Gruppe zuzuzählen sind, in Anjou, Touraine, Maine, Lodunois.

Die Bretagne bezieht das ganze unbewegliche Vermögen in den Vorbehalt ein und erklärt es zu $^2/_3$ für unverfügbar, für Schenkungen wie für Testamente; vollständig verbietet sie die „Haßschenkungen". So schon die très ancienne coutume a. 42:

Toute personne qui est pourveu de sens peut donner le tiers de son heritaige... ou cas qu'il ne feroient ce par fraude contre leurs hoirs; et si peut-il ses meubles.....

Dies gilt auch für das Testament a. 327: la volonté du deffunt doit estre accomplie, pour ce qu'elle soit faite deuement et des choses qui sont faites deuement de ce que le deffunt fist.....

So auch die ancienne coutume (1539) a. 220, 221, 576, und, mit einigen Aenderungen, die neue coutume (1580) a. 199, 617. Bestritten war im alten Rechte allerdings, ob unter „heritages" auch die Errungenschaften inbegriffen seien; Dumoulin war für die entgegengesetzte Ansicht, allein diese wurde überwunden und die richtige Ansicht in 1580 ausdrücklich festgestellt. Außerdem hat die neue Coutume noch beigefügt, daß ein Halb zu Nießbrauch einem Drittel Eigenthum gleich zu achten sei; und sodann ist in a. 203 das Aufrückungssystem aufgenommen worden, das unten zur Darstellung kommen soll. Ueber Fahrnisse vgl. Note 24.

Ein frischer Zug zeigt sich auch in der Normandie (1583): hier kann man ein Drittel des Erbgutes und der Errungenschaft und sämmtliche Fahrnisse verschenken, a. 431; bei Testamenten wird zwischen bekindetem und kinderlosem Erblassern unterschieden: ersterer kann über ein

23) Eine gesunde Fortbildung in diesem Sinne hat das Institut auch nicht in den Hansestädten gefunden, wohl aber in Schweizer Rechten, wo es, namentlich dem bekindeten Erblasser, vielfach nicht gestattet war, über Erbgut, aber auch nicht über die Errungenschaft zu verfügen, oder doch nur über einen Theil derselben. Vgl. für Zürich, Bluntschli, Rechtsgeschichte von Zürich II S. 320f.; so in verschiedenen Graubündter Rechten, in Basler Rechtsquellen (nr. 69 v. 1401 I p. 78) u. a.; hier gilt namentlich auch der Unterschied zwischen dem bekindeten und dem unbekindeten Erblasser. Vgl. besonders Huber, Geschichte des schweizerischen Privatrechts IV S. 617f., 623f., 650f. Eine erfreuliche Bestimmung zeigt auch das Oesterreichische Recht von etwa 1246 (Arch. f. Kunde Oesterreich. Geschichtsquellen X p 151), wonach ein gekauftes Gut, wenn man es in Jahr und Tag nicht veräußert, Erbgut wird.

Drittel des beweglichen Gutes,[24] aber über keinen Theil des unbeweglichen Gutes verfügen, der kinderlose dagegen über ein Drittel der Errungenschaften und über ein Halb, unter Umständen über das Ganze des beweglichen Vermögens; das Erbgut bleibt auch dem Kinderlosen unantastbar, a. 414, 418, 419, 420, 422, 423, 427.[25]

Verwandt ist Eu (1580), wo man ebenfalls unter Lebenden alle Fahrniß verschenken kann, a. 80, auch die Errungenschaften, wenn man keine Kinder hat, sonst ein Drittel, a. 77, Erbgut jedenfalls nur zu einem Drittel, a. 76; während im Testamente der bekindete Erblasser über das bewegliche Gut verfügen kann, a. 404, der kinderlose aber auch über die gesammte Errungenschaft, a. 107, nicht über das Erbgut, a. 109.

Verwandt ist ferner Ypern (1619): der Erblasser kann über ein Drittel Erbgut, zwei Drittel Errungenschaft und alle Fahrniß schenkweise und testamentarisch verfügen, VIII 1, 4; IX 1 und 2; ganz ebenso Gorgue (1627) a. 88, 92.

Eigenartiger sind: Maine (1508), Anjou (1508), Touraine (1507 und 1559): sie behandeln zuvörderst Schenkungen und testamentarische Verfügungen einander gleich; sie stimmen auch darin überein, daß sie zwischen dem bekindeten und kinderlosen Erblasser unterscheiden, und nähern sich damit dem normannischen Rechte; sie gleichen ihm auch darin, daß sie, nicht wie die Bretagne, das unbewegliche Vermögen zu einem Ganzen zusammenwerfen, sondern getrennt behandeln und damit für jede der drei Vermögensmassen einen größeren oder geringeren Vorbehalt bestimmen. Dieser große Fortschritt in den Rechten von Maine und Anjou wurde erst in letzter Stunde gemacht. Die Entwürfe hatten Bestimmungen im Sinne der Rechte des 15. Jahrhunderts (oben S. 23); erst während der Verhandlung wurde der Text in der angeführten Weise geändert.[26]

So Maine (1508) a. 332, 336, 338, 351: Vorbehalt bei Erbgut zwei Drittel für einen jeden, bei Errungenschaft und Fahrniß zwei Drittel für den bekindeten Erblasser.

So Anjou (1508) a. 321, 327, 339, 340, wo der bekindete Erb-

---

24) Es ist das normannische Drittelsystem (1/3 des beweglichen Gutes für die Frau, 1/3 für die Kinder, 1/3 zur Verfügung des Mannes, vgl. Cout. de Norm. a. 392. Très anc. Cout. de Bret. a. 206, Anc. Cout. de Bret. a. 526), das die Normannen nach Sicilien brachten (Brünneck, Siciliens Stadtrechte II S. 6 f.), wie nach England, vgl. Glanvilla VII 5: Res mobiles in tres partes dividuntur aequales, quarum una debetur heredi, secunda uxori, tertia vero ipsi reservatur, de qua tertia liberam habebit disponendi facultatem.

25) Etwas Besonderes galt für den Distrikt von Caux, a. 279, 427.

26) Vgl. die Protokolle bei B. de Richebourg IV p. 525, 594.

lasser über ein Drittel des Erbgutes und der Errungenschaft nur zum Nießbrauch verfügen darf (über die Fahrniß ganz). So Touraine (1507) XXIII a. 1 und 10, XXIV a. 5, welches allerdings nicht zwischen bekindeten und kinderlosen Personen unterscheidet und überhaupt die Verfügung über ein Drittel Erbgut und über die Errungenschaft nur zum Nießbrauch gestattet;[27] ebenso auch Lodunois (1518) XXV a. 1 und XXVI a. 3; während Touraine (1559) a. 233, 325 den Erblasser und Schenker noch weiter dahin beschränkt, daß, wer Kinder hat, über Errungenschaften zum Nießbrauch und über bewegliches Gut zum Eigenthum, aber nach beiden Seiten hin nur bis zu einem Halb, verfügen darf.

Sodann haben diese vier Gewohnheitsrechte, ebenso wie die Bretagne (1580), das System des Aufrückens. Damit ist gesagt: ist kein Erbgut vorhanden, so nimmt, was das Verfügungsrecht betrifft, die Errungenschaft die Natur des Erbgutes an; und ebenso, wenn keine Errungenschaft vorhanden ist, das bewegliche Vermögen — ein eminent fruchtbarer Gedanke, welcher dazu führen konnte, daß unter dem Vorbehaltssystem stets für die Kinder gesorgt war. Natürlich mußte das Prinzip mit Vernunft angewandt werden, es durfte insbesondere nicht genügen, daß man einen Spatenstich Erbgut oder Errungenschaft hatte, um die Kinder vom nachfolgenden Gut auszuschließen: solches konnte nur einen Sinn haben, wenn das vorausgehende Vermögen in einer den Bedürfnissen der Kinder genügenden Menge vorhanden war, was auch Dumoulin zu Angumois a. 49 aufstellt: non enim intelligitur de vili cespite terrae, verba cum effectu notabili accipienda . . .

So finden wir dieses System des Aufrückens in der Bretagne (1580) a. 203, in Maine (1508) a. 352, Anjou (1508) a. 340, Touraine (1507) XXIII a. 1, XXIV a. 5 und (1559) a. 238, Lodunois (1518) XXV 1.

Ja, dieses Aufrückungssystem haben einige Rechte angenommen, die sonst nur dem Vorbehalt des Erbgutes huldigen, die aber wegen dieses Vorrückens den Rechten des Fortschrittes angereiht werden müssen. So Poitou (1514), das sonst nur einen Zwei-Drittel-Vorbehalt des Erbgutes kennt, im übrigen, wie die obigen Rechte, Schenkungen und Testament gleich behandelt, a. 181, 190, 191, 199;[28] und ganz entsprechend Angoumois (1514) a. 49, 52 und 115. Ferner Rochelle (1514): hier soll, wenn kein Erbgut vorhanden ist, zwei Drittel der Errungenschaft und wenn keine Errungenschaft, zwei Drittel der Fahrniß vor-

27) Abgesehen von Verfügungen ad pias causas.

28) Vgl. dazu mein Kollationsrecht in den französischen Coutumes S. 15.

behalten sein, a. 44; ferner Saintonge a. 61 (B. de R. IV p. 886). Auch Bar (1579) gehört hierher; denn hier heißt es a. 98:

où il n'y auroit que meubles et acquests, n'en pourroit disposer que de la quarte partie au prejudice de ses enfans.

Wie Poitou (1514) a. 90, 191, ist auch das neue Recht von Poitou (1560) a. 223, 224; außerdem aber ist hier das Prinzip in a. 208 und 217 sehr originell weitergebildet.[29]

Auch Sens (1555) a. 68 kennt ein Aufrücken in folgender Weise: man kann verfügen über ein Fünftel des Erbgutes; ist aber nur Fahrniß vorhanden, so ist nur ein Viertel dieser Fahrniß der Disposition frei.

Und in Abbeville (1506) a. 2 ist bestimmt, daß, wenn der Erblasser ohne Erbgut stirbt, die ersterworbene Errungenschaftsliegenschaft als Erbgut gilt, wenn sie im Moment des Todes noch im Vermögen des Erblassers ist.

Noch einfacher und großartiger ist der Fortschritt in den Flandrischen Stadt- und Landrechten, welche einfach zwei Drittel des ganzen Vermögens zum Vorbehalt erheben und damit das in der Bretagne angewandte System der Vereinheitlichung des Vermögens consequent durchführen, wie solches schon längst die Langobarden gethan hatten.

So das Recht von Gent von 1563 XXVIII a. 2:[30]

Niemant en mach, by testamente ofte vutersten wille, breedere disponeren ofte mech gheven, dan totten derden van alle den goeden van hem ghevere, ende niet meer, ende indien de dispositie exedeerde, wert ghereduceert totten zelven derden, so dat elc hoir schuldich es to volghene de twee deelen van zyn contingent over syn legitime portie, zuver ende onbelast van den zelven ghiften ende dispositien testamentaire.

Schenkungen sind frei (XII 1).

So auch Courtray (Kortrijk, 1557) XIV a. 3 und 4; auch Renaix (1552) XV 1 und 2, wo aber auch Schenkungen in den gleichen Vorbehalt einbegriffen sind.

Dem Genter Recht entsprechen ferner:

Ostende (1611) XV a. 2,[31] Bourbourg (1615) XIX 2, Audenarde (1615) XX a. 6,[32] Bergh S. Winox (1617) XVI a. 1;

---

29) Ueber a. 217 unten S. 36. Ueber die zu beiden Artikeln aufgeworfenen interessanten Rechtsfragen vgl. Boucheul, in seinem Kommentar hierzu (Ed. 1727) I p. 548, 625.

30) In den Coutumes de Flandre, Quartier de Gand I p. 161.

31) In den Coutumes de Flandre, Quartier de Bruges IV p. 170.

32) In den Coutumes de Flandre, Quartier de Gand IV p. 192.

XXIII a. 1 und 2, Alost (1618) XI a. 1; XXI a. 1 und 2,[33] Waes (1618) V a. 1f., Assenede (1619) VI 1; XXI a. 2, Sluis (1620) XXXII a. 2.[34]

So auch Cassel (1613) a. 233:[35]

Personne ne pourra par contract de mariage ny par autre donation inter vivos ny causa mortis priver et exclure son heritier de sa legitime, c'est à sçavoir des deux tiers des heritages rotures de des cateux qui luy eschéent ab intestato . . . . . . quoyqu'il arrivât mesme que celuy qui doit succeder ab intestato y consentit à la requisition de celuy auquel il doit succeder; car la présomption est que de tels contracts sont faits plus par contrainte, par induction et par la reverence pour celuy auquel il succede, que d'une volonté libre. — Hier also bei Schenkung und Testament!

Wie Gent, so auch Brügge (1619) XIII 2:[36]

Ende mach elck, soo bastard als ander, by syn testament ende vuytersten wille wech gheven trechte derde deel van al syn deelsaem goedt . . .

So auch Ecloo und Lembeke (1619) XII 2, XX 2 und 3, Pays du Franc, Theilbuch (1619) a. 73,[37] Nieuport (1616) XXII a. 2 und 3, XI a. 1, Rousselare (1624) XIX a. 1—3, Termonde (1629) IX 2, XVIII 1, Bouchaute (1630) IX 1, XXIV a. 2, Ardenburg (1681) XXIV 2.[38]

Eine weitere Fortbildung kennt Furne (1615) XX 1, 2, 4, 5; es hat in der Entwicklung des Instituts die letzte Stufe erreicht: es bezieht den Zweidrittelvorbehalt auf Schenkungen und Testamente und fügt in a. 5 die bedeutsame Bestimmung bei:[39]

daer gheen kinderen oft kindtskinderen en syn, sal elken vermoghen ('t sy aen eenighe hem bestaende van besyden, oft an vremde oft in pios usus) wech te gheven metter waermer handt alle syne conquesten, meublen ende catteylen.

Den gleichen Fortschritt, wie Flandern, zeigen vier Rechte im Herzen Frankreichs: Auvergne (1510), La Marche (1521), Bourbonnais (1521) und Berry (1539).

---

33) In den Coutumes de Flandre, Quartier de Gand ib. III p. 126.
34) In den Coutumes de Flandre, Quartier de Bruges IV p. 721.
35) Nach der französischen Fassung bei B. de Richebourg I p. 714.
36) In den Coutumes de Flandre, Quartier de Bruges I p. 44.
37) Bei B. de Richebourg I p. 627.
38) In den Coutumes de Flandre, Quartier de Bruges I p. 406.
39) In den Coutumes de Flandre, Quartier de Furnes II p. 104.

In der Auvergne kann man testamentarisch über ein Viertel des ganzen Vermögens verfügen, schenkweise über alles; dabei werden gewisse Verfügungen privilegirt und den Schenkungen gleichgestellt (Verfügungen im Ehevertrag und allgemeine Vermögensgesellschaft), XII a. 41, 43, XIV a. 12, 39, 40, 16, 25, XV a. 4.

In La Marche kann man todeshalber ein Drittel des ganzen Vermögens vergaben; aber auch für Schenkungen gelten einige Beschränkungen, insbesondere was den bekindeten Schenker betrifft: ihm ist das Erbgut unangreifbar, a. 212, 306, 309.

In Bourbonnais a. 291 ist die testamentarische Verfügung nur über ein Halb des ganzen Vermögens gestattet, ebenso in Berry XVIII a. 5, 13, 14 und XII a. 9: hier dann, wenn Kinder vorhanden sind und hier gilt es bei testamentarischer wie bei schenkweiser Zuwendung.

Einige andere Rechte fassen mindestens das ganze unbewegliche Vermögen zu einer Einheit zusammen und erklären es als testamentarisch unverfügbar: sie stehen eine Stufe niedriger, als die eben erwähnten Rechte; so das Stadtrecht Lille (1533) V a. 1, II a. 1; so auch das Ortsrecht Lille (1565), nur daß hier auch die Verfügung über den dreijährigen Fruchtertrag aller Liegenschaften gestattet ist, X a. 1, IX a. 3 und 4;[40] so Hennegau (1619) XXXII a. 1,[41] so Tournay (1552), falls der Erblasser Kinder hat, XXIII a. 2; so Cambray (1574) XIII a. 1; so Stadtrecht Metz (1611) VII a. 1 und 8, VIII a. 7; so Bisthum Metz (1601) X a. 2, VIII a. 1;[42] so Gorze (1624) VIII a. 1, IX a. 2; so Marsal (1627) a. 51 (hier wenn der Erblasser Kinder hat).

§ 7.

Den weiteren Fortschritt, daß man die Schenkung der letztwilligen Verfügung gleich behandelte oder doch in den Vorbehalt einbezog, haben einige Rechte zu verzeichnen. So vor allem Blois (1523) a. 166, 167;

a. 166: Que par ci-devant estoit loisible et permis à un chacun ... faire donaison entre vifs ...... de tous et chacuns leurs biens, tant meubles, conquests que patrimoniaux ... laquelle coustume a semblé ... estre trop dure et venir à restraindre ...

Und für Calais (1583) ist es bedeutsam, daß man sich zwar sonst dem Pariser Stadtrecht anschloß, aber in a. 66 einen Schenkungsvorbehalt der Hälfte des Erbgutes verfügte.

---

40) Hierüber ausführlich Merlin, Repert. v. Réserve cout. § 1 art. II nr. 2.

41) In den Coutumes du Pays et Comté de Hainaut II p. 181 f. (Ed. Faider.)

42) Nur werden gewisse mobilisirte Liegenschaften wie Fahrniß behandelt.

Andere Rechte hatten von jeher die Gleichbehandlung und behielten sie bei; oder sie hatten einen (wenn auch geringeren) Vorbehalt für Schenkungen; so Verdun V a. 1, Saintonge a. 61; im Uebrigen verweise ich auf die früheren Schilderungen der einzelnen Rechte, worin angegeben ist, wo die Schenkung dem Testament gleichgestellt oder sonst im Vorbehalt berücksichtigt wird; ich verweise auf Bayonne, Béarn, Labourt, Sole, S. Sever, Bordeaux, Epinal, Montroeuil, S. Omer, Ponthieu, Picardie, Amiens, Rheims, Laon, Chalons, Bretagne, Normandie, Eu Maine, Anjou, Touraine, Lodunois, Poitou, Angoumois, Clermont en Argonne, Montfort, La Marche, Berry, Ypern, Gorgue, Renaix, Cassel, Furne, Pitgam, auch auf die ältere Coutume von Perche.

Auch die letzte Fortbildung, daß man den befindeten und den unbefindeten Schenker und Erblasser unterschied, ist nicht selten zu konstatiren. Auch hier kann ich auf das Frühere verweisen, auf die Normandie und ihre Rechtsgruppe, sodann auf Senlis, Clermont en Beauvoisis, auf Laon, Chalons, La Marche, Berry, Tournay, Furne, Marsal, Clermont en Argonne, auf Rochelle, S. Jean d'Angely, Marsan.

§ 8.

Die Rechte aber, welche letztwillige Verfügungen und Schenkungen verschieden behandelten,[43] mußten sich genöthigt sehen, besondere Vorkehrungen zu treffen, damit nicht unter dem Deckmantel von widerruflichen Schenkungen, von Schenkungen auf dem Todtenbette u. s. w. die beschränkenden Bestimmungen über Testamente umgangen und Verfügungen testamentarischen Charakters der freien Regeln der Schenkung theilhaftig würden. Diese vorkehrenden Rechtssätze wurden so sehr Gemeingut des Gewohnheitsrechts, daß sie allgemein, auch in den Gebieten angenommen wurden, wo die Motive hierfür nicht existirten.

Solche Rechtssätze waren

1. der Satz: donner et retenir ne vaut, d. h. eine Schenkung unter Lebenden muß stets definitiv sein; widerrufliche Schenkungen sind letztwilliger Natur und werden nach den Regeln der Testamente behandelt. Der Satz findet sich nahezu in allen Rechten, bald als bloßes Rechtssprichwort, bald mit mehr oder minder erläuternden Zuthaten; so vom Jahre 1506 an:

---

43) Sie waren so zahlreich, daß Loysel 662 die Parömie ausspricht: Chacum peut disposer de son bien à son plaisir par donation entre-vifs, suivant l'opinion de tous nos docteurs français.

Sens (1506) a. 95; (1555) a. 108; Auxerre (1507) a. 108; (1561) a. 217; Dreux (1508) a. 77; Meaux (1509) a. 16, 17; Vitry le français (1509) a. 111; Chaumont (1509) a. 76; Troyes (1509) a. 137; Orleans (1509) a. 222; (1583) a. 283; Auvergne (1510) XIV a. 18f.; Paris (1510) a. 160; (1580) a. 273f.; Chaulny (1510) a. 54, 90; (1609) a. 57, 91; Bourbonnais (1521) a. 212; La Marche (1521) a. 309; Blois (1523) a. 169; Montargis (1531) a. 231, 237; Nivernais (1534) XXVII a. 1; Senlis (1539) a. 211; Clermont en Beauvoisis (1539) a. 127; Berry (1539) VII a. 1; Valois (1539) a. 130; Chateauneuf (1552) a. 110; Dourdan (1556) a. 93; Mantes (1556) a. 150; Montfort (1556) a. 152; Chalons (1556) a. 64; Rheims (1556) a. 229; Laon (anc.) II a. 40, III a. 44; (1556) a. 54; Estampes (1556) a. 145; Courtray (1557) XIV a. 2; Grand Perche (1558) a. 101; Melun (1560) a. 230; Peronne (1567) a. 109; Sedan (1568) a. 109ff.; Clermont en Argonne (1571) VI a. 20; Cambray (1574) III a. 8; Bar (1579) a. 167; Bassigny (1580) a. 165; Normandie (1583) a. 444, 445; Calais (1583) a. 67; Lothringen (1594) X a. 2; S. Mihiel (1598) VIII a. 5; Metz (1611) VII a. 5; Audenarde (1615) VIII a. 3; Bergh S. Winox (1617) XVI a. 1; Alost (1618) XI a. 1; Assenede (1619) VI a. 3; Luxemburg (1623) XIV a. 2; Gorze (1624) VIII a. 2; Termonde (1629) IX a. 1;[44] Bouchaute (1630) IX a. 3; Bailleul (1632) XIV a. 7; Diedenhofen (1661) XIV a. 2.

2. Ein ebenfalls sehr verbreiteter Satz besagt, daß Schenkungen auf dem Todtenbette wie letztwillige Verfügungen zu betrachten seien; als solche gelten alle Schenkungen, die Jemand während der acuten Krankheit macht, auf welche der Tod folgt; manche Rechte geben besondere numerische Bestimmungen: wenn der Tod innerhalb 20, 30 oder 40 Tagen eintritt.

Derartige, dem deutschen Recht wohlbekannte Bestimmungen sind:

Orléans (1509) a. 233 (Tod in 30 Tagen); (1583) a. 297; Auvergne (1510) XIV a. 36; Montargis (1531) a. 247 (Tod in 30 Tagen); Nivernais (1534) XXVII a. 5; Sens (1555) a. 109 (Tod in 40 Tagen); Grand Perche (1558) a. 130; Auxerre (1561) a. 218 (Tod in 40 Tagen); Clermont en Argonne (1571) VI a. 4; Cambray (1574) III a. 4; Bar (1579) a. 169; Paris (1580) a. 277; Angle (1586) a. 29; S. Mihiel (anc.) a. 27; (1598) IV

44) In den Coutumes de Flandre, Quartier de Gand VI p. 38.

a. 3; Metz (1611) VII a. 3; Pays du franc, Theilbuch (1619) a. 78 (in 20 Tagen).[45]

Anders Berry (1539) XVIII a. 18: hier wird für eine solche Schenkung zwar Testamentsform verlangt; sie wird aber im Uebrigen als Schenkung behandelt: soit censée et reputée vraie donation entre-vifs . . .

Anders auch Ypern (1619) VIII 1: estant malade ou en santé: hier ist aber auch der Vorbehalt für Testament und Schenkung der gleiche.

Wie die Zusammenstellung lehrt, findet sich der Satz bei weitem nicht in allen Rechten: in manche ist er erst bei der zweiten Redaktion aufgenommen worden. Doch schloß sich später die Praxis der sog. Coutumes muettes dem Pariser Recht an; wie solches z. B. für Bourbonnais von Auroux des Pommiers (zu a. 291 nr. 48) bestätigt wird, vgl. aber auch ib. a. 216.

Manche Rechte stellen eine sonstige Lebensgefahr der Todeskrankheit gleich; so Nivernais (1534) XXVII a. 5; Cambray (1574) III a. 4. Dies wurde auch in anderen Rechtsgebieten analog angenommen; vgl. Auroux des Pommiers a. a. O. nr. 49.

§ 9.

Der Charakter des Erbvorbehaltes ergiebt sich aus dem Obigen von selbst, ebenso sein prinzipieller Unterschied gegenüber dem römischen Pflichttheil. Der Erbvorbehalt entspringt nicht einer Pflicht, in einer bestimmten Weise zu verfügen, sondern er enthält eine Beschränkung der Verfügungsmacht, er macht es unmöglich, zu verfügen. Er gleicht daher mehr der römischen Quarta Falcidia, wie ich dies bereits in meiner Abhandlung S. 409 hervorgehoben habe; und richtig stellen ihn auch die Coutumisten vielfach damit zusammen, z. B. Fleury, Institutions I p. 311.

Ist daher der Erbvorbehalt verletzt, so entsteht zunächst nicht eine Pflicht der Ausgleichung, sondern: was zu viel vergabt ist, ist eben nichtig vergabt und bleibt im Nachlaß; und auch wenn die Ueberverfügung durch Schenkung geschah, bedarf es zunächst keiner ausgleichenden Handlung, denn das zu viel Gegebene ist eben nur faktisch, nicht rechtlich aus dem Vermögen ausgeschieden.

Ebenso kommt es nicht darauf an, wer erben wird; es kommt überhaupt nur darauf an, daß ein gesetzlicher Erbe vorhanden ist, denn der

45) Daher auch die Parömie bei Loysel 666: Donation faite entre vifs par personnes malades de la maladie, dont elles décèdent, est réputée à cause de mort.

gesetzliche Erbe, welcher es auch immer sein mag, bekommt den Nachlaß nicht in der Weise, wie er faktisch, sondern wie er rechtlich ist: er bekommt den Nachlaß mit Allem, was dazu gehört, auch mit dem, was, weil es dem Vorbehalt zuwider vergabt wurde, rechtlich im Vermögen verblieben ist.

So sagt schon Pierre des Fontaines XXXIII 1 im bewußten Gegensatz zum römischen Recht: Par nostre usage tuit cil, à qui li éritages eschiet, pueent pleider, se l'en a plus lessié del éritage que l'en ne puet par la loi del païs.

Ein Erbe allerdings mußte vorhanden sein. Wenn daher der Nachlaß in Ermangelung von Verwandten an den Fiskus fiel, so kamen die Vergabungen zu Kraft; der Vorbehalt war nur zu Gunsten der Verwandten da: fielen diese weg, so war dem Institut der Boden entzogen;[46] doch gab es Ausnahmen; vgl. Anjou 343, Maine 355, Normandie 276 (Beerbung der unehelichen Kinder).

Eine interessante Frage trat hervor, wenn sich das Erbe nach dem Satze paterna paternis, materna maternis unter die väterlichen und mütterlichen Erben spaltete, als ob es aus zwei Erbschaften bestünde; hier kam man zu dem Satze: eine jede Hälfte ist wie ein selbständiges Erbe zu behandeln, und jede unterliegt daher selbständig dem Vorbehalt. Der Erblasser hat daher nicht nur den Vorbehalt im Ganzen aufrecht zu erhalten, sondern er hat dafür zu sorgen, daß sowohl den väterlichen Erben die Hälfte des väterlichen, als auch den mütterlichen die Hälfte des mütterlichen Erbgutes gewahrt bleibt. So verschiedene Coutumisten[47] und so ausdrücklich eine Reihe Coutumes, wie Anjou (1508) a. 324, Maine (1508) a. 339, Bretagne (1580) a. 200 und vor allem Poitou (1514) a. 181, wo es heißt:

Et si aucun a heritage regardant le branchage de son pere et aussi heritages regardans le branchage de sa mere; comme s'il y avoit cent sols de rente regardant le branchage de son pere et

46) Chopin, de legibus Andium III tit. 4 (Ed. 1600 II p. 320): illa moribus tribuitur condictio gentiliciae stirpi et agnationi donatoris; Dupleissis, Traité des testam. I s. 8; Denisart, Collection, v. Réserve coutum. nr. 31; Merlin, Rep. v. Rés. cout. § V. Dies entspricht der altgerm. Anschauung, vgl. Ed. Roth. 171, lex Salica 46, lex Ripuaria 48, lex Bajuw. 14, 9, lex Burg. 51, 2.

47) Vgl. Duplessis I s. 3, Lebrun, Success. III 4 nr. 25f. Doch war die Ansicht nicht unbestritten; andere nahmen an, daß bei der Berechnung des Vorbehalts das Vermögen stets als Ganzes zu berücksichtigen sei und daß dann nur eben, wenn die eine Linie verletzt ist, diese verletzte Linie gegen die übrigen den Regreß habe. So Ricard, donations II 1 s. 3; so die von Merlin, Repert. v. Rés. cout. § III nr. 1 citirte Entscheidung von 1585.

dix livres regardans le branchage de sa mere vel e contra: s'il donne les dits cent sols qui ne sont que le tiers du tout de son heritage desdits deux branchages ensemble, tel don ne vault pas; car il ne peult donner que le tiers de cent sols au prejudice des heritiers regardans le branchage de sondit pere; autrement seroit desheriter ses heritiers.

Aehnlich die neue Coutume von 1560 a. 203.

Umgekehrt verlangte die Folgerichtigkeit, daß, wenn von mehreren solcher Zweige der eine Erbgut hatte, der andere nicht, nur der erstere dem Vorbehalt unterlag.[48] Dies mußte aber eine Ausnahme erleiden in den Gebieten, wo das Aufrückungssystem galt, und so in der That auch ausdrücklich Poitou (1560) a. 217: hier wird aus dem Aufrückungssystem die Folgerung gezogen, daß, wenn einer der Zweige keine Erbgüter aufweist, die Hälfte der ganzen Errungenschaft oder Fahrniß diesem Zweige als Erbgut dient.[49]

Wo der Vorbehalt nur im Fall des Vorhandenseins von Kindern angenommen wurde, war allerdings das kinderlose Erbe vorbehaltfrei; dabei kam es nicht auf das Vorhandensein von Kindern im Moment der Verfügung, sondern im Moment des Todes an, wie man dies insbesondere in Anjou in einem feierlichen Plenarbeschluß vom 18. Mai 1584 entschied; auf das Vorhandensein von Kindern, beziehungsweise auf das Erbewerden. Hier war also der Vorbehalt bedingt, bedingt durch die Anwesenheit, bedingt durch das Erbewerden von Kindern; mehr aber sagte die Bedingung nicht: wenn daher von mehreren Kindern eines verzichtete, so war der Vorbehalt der nämliche für die übrigen Kinder, wie er gewesen wäre, wenn alle Kinder die Erbschaft angetreten hätten; denn der ganze Nachlaß mit dem Vorbehalt fiel eben an die Erben, sofern nur die Bedingung erfüllt war, und ein Kind genügte, die Bedingung zu erfüllen.

Das Prinzip führte aber noch zu folgendem Schlusse: der gesetzliche Erbe hat kraft des Erbvorbehaltes eine bestimmte Quote des Nachlasses für sich, er hat also nicht bloß einen Werthanspruch, wie der Pflichttheilsberechtigte, er hat ein Recht auf die Nachlaßquote im Stück, er braucht sich nicht durch Zuwendung einer Geldsumme befriedigen zu lassen. Dies hätte in strengster Folgerung zu dem Satze geführt, daß der gesetzliche Erbe ein Quotenrecht in Bezug auf den Nachlaß mit allen Nachlaßstücken gehabt hätte; danach hätte also der Erblasser nicht ganze Nachlaßgegenstände, sondern nur Bruchtheile vergaben können. Von dieser Kon-

48) Vgl. Duplessis, Traité des testaments I s. 8.

49) Dazu vgl. Boucheul I p. 625 f.

sequenz hat man sich aber losgelöst: wie man sonst dem Erblasser das Recht der elterlichen Theilung gewährte, so gab man ihm das Recht, auch die Quotentheilung zwischen dem Vorbehaltserben und dem Bedachten selbst zu vollziehen. Man faßte also das Recht des Erblassers so auf: er habe das Recht, nicht nur eine Quote, z. B. ein Fünftel, einem Dritten zuzuwenden, sondern auch das Recht, die Abtheilung zwischen dem Fünftel und dem Vorbehaltgut ins Werk zu setzen. Die offenbaren Vortheile dieses Systems haben schon früh zu dieser Modifikation geführt. Es wird insbesondere vertreten von Beaumanoir XII 369:

Se aucuns lesse le quint de son eritage et li eritages soit en pluseurs pieces, il le puet lessier en une piece, s'il veut; mes qu'il ne vaille plus que le quint de tout.

So auch ausdrücklich verschiedene Landrechte, z. B. Valois (1539) a. 85.[50]

Daher die Parömie: Quand il est permis de disposer d'une portion de ses biens, on la peut toute assigner sur une seule pièce; so Loysel 306.

In manchen Rechten wurde das Recht des Vorbehaltserben noch in der Art gesteigert, daß der Vermächtnißnehmer, wie heutzutage nach dem B.G.B., kein dingliches Recht, sondern nur einen obligatorischen Anspruch auf die Vermächtnißsache erlangte; so Audenarde (1615) XX a. 9; so Assenede (1619) XXI a. 4; Termonde (1629) XVIII 1, 4 und 6; ja man gab dem Erben das Recht, den Vermächtnißnehmer in Geld abzufinden, so Furnes (1615) XX a. 8; Waes (1618) V a. 1.

Aus dem Prinzip des Vorbehalts folgt endlich, daß es keine Enterbung giebt. Es giebt nur eine Erbunwürdigkeit, denn der Vorbehaltserbe hat die Erbschaft vom Gesetz, nicht vom Erblasser; so auch Beaumanoir XII 382: Mes voir est que des quatre pars de mon eritage ne puis je pas oster a mes oirs ce que drois et coustume donne, pour nul des cas dessus dis.

Nur ausnahmsweise wird das Enterbungsinstitut dem römischen Rechte entlehnt und auf das Vorbehaltssystem übertragen;

so in Berry (1531) XVIII 5: si n'est qu'il y eust quelque juste cause d'exheredation de celles qui sont exprimées en droict ou semblables et ayant mesme raison ..... a. 6 Toutesfois audit cas d'exheredation, s'il y avoit plusieurs enfans et qu'il n'y eust ingratitude, si n'est pour le regard de l'un, iceluy seul sera exheredé,

---

50) So auch eine feierliche Entscheidung des Pariser Parlaments 1665, citirt von Basnages zu a. 431 Cout. de Norm. (Ed. 1778 II p. 250.)

et neanmoins toute la moitié .... appartiendra aux autres qui ne sont ingrats — — letzteres ganz entsprechend der oben aufgestellten Regel, wonach, wenn auch nur ein Kind vorhanden ist, der Vorbehalt der gleiche bleibt;

so Clermont en Argonne (1571) VII 6, Bassigny (1580) a. 148: Le testateur pourra exhereder son heritier ou heritiers pour les causes exprimées de droict, et non autrement;

Lothringen (1594) XI 12: Les enfans peuvent estre exheredez par le pere ou la mere pour cause d'ingratitude notable commise envers, eux deument verifiée.

Die Enterbungsgründe sind dabei mehr oder minder in das richterliche Ermessen gestellt, oder es wird auf das römische Recht verwiesen; dazu aber kam seit dem Edikte Heinrich II. vom Februar 1556 ein weiterer Enterbungsgrund: der Enterbungsgrund der heimlichen, ohne elterliche Genehmigung geschlossenen, Ehe. Das Edikt sagt in a. 1 Folgendes:

que les enfans de famille, ayans contracté et qui contracteront cy après mariages clandestins contre le gré, vouloir et consentement et au desceu de leurs pères et mères, puissent pour telle irrévérence et ingratitude, mepris et contemnement de leursdits pères et mères, transgression de la loy et commandement de Dieu et offense contre le droict de l'honnesteté publique, inséparable d'avec l'utilité, estre par leursdits pères et mères et chacun d'eux exheredez et exclus de leurs successions, sans espérance de pouvoir quereller l'exheredation qui ainsi aura esté faite.[51] — —

§ 10.

So weit der Erbvorbehalt. Daß er unter bestimmten Fortbildungen im Stande war, den Postulaten des Kulturlebens zu entsprechen, ist bereits ausgeführt worden, und es wurde zugleich gezeigt, daß verschiedene Rechte in kühnem Fortschritt dem Institut die moderne Fassung gegeben haben. Das thaten aber andere Coutumes nicht, und vor allem nicht

---

51) Später mehrfach bestätigt; so durch Gesetz vom Mai 1579 a. 40 und 41, so durch Gesetz vom 26. November 1639 und durch Gesetz vom März 1697 a. 6. Vgl. dazu auch Fleury, Institutions de droit franç. I p. 339, Furgole, Traité des testam. VIII sect. 2 nr. 68. Aehnliche Bestimmungen finden sich allenthalben; in einer Verordn. v. Carpi v. 1446 (Statuta, Ed. Mutinae 1884 p. 106) ist verfügt, daß, wer sich ohne Zustimmung des Vaters verlobt, nur die Hälfte der legitima begehren kann, u. a.

das wichtigste und bedeutendste Stadtrecht, das Stadtrecht von Paris; und die Folge war, daß man das römische Recht zu Hilfe nahm.[52] Diese vom deutschen Rechte ablenkende Entwickelung wurde allerdings durch die großen Coutumisten ganz besonders begünstigt, in erster Reihe durch Pierre des Fontaines. In einer berühmt gewordenen Stelle seines Conseil XXXIV a. 10 sagt er:

Trop est cruels ceste sentence et contre humanité que aucunes genz dient, que li pères puet doner auquel qu'il vorra de toz ses enfanz toz ses chateus et toz ses muebles et toz ses conquez, ou à estranges, nis s'il n'est einsi qu'il n'eit fors muebles et conquez, dont ce seroit contre tot droit et contre les lois escrites; dont je voeil que tu saches que je entent einsi que li pères puet fère sa volenté de ses conquez, c'est que il puet deviser à sa volenté de ses conquez entre ses enfanz, et doner en plus à l'un que à l'autre, si que li plus qu'il done à l'un n'amenuist trop le don à l'autre .... Et se il done par son devis toz ses biens as estranges et noiant à ses enfanz, par les lois escrites auroient tot li enfant, et li estrange noiant. Mès bien sofferra nostre usages, s'il est bien entenduz, que li estranges en ait un autretele partie come uns dez enfanz selonc le nombre qu'il en i a; car en doit molt cuidier que cil, à qui li pères dona einsi toz ses biens et trespassa ses enfanz, avoit fait au père aucun servise, por quoi li pères le devoit amer autretant come un de ses enfanz; mès plus ne le devoit-il pas amer, tant come à départir ses biens monte.

Mit dieser geistreichen Wendung kommt unser Coutumist über die unbequeme Rescissionswirkung der querela inofficiosi testamenti hinweg: das Kind solle dem Bedachten, der Bedachte dem Kinde gleichstehen; nur in einem Falle solle es zur Vernichtung des ganzen Testamentes kommen, wenn nämlich die Bestimmung in odium liberorum gemacht ist:

Et ce tenra bien nostre usages, s'il n'apert tot apertement que li pères ait fait tel devis plus por la haine des enfanz que por service que cil li eust fet, car en tel cas n'auroit li estranges riens dou devis, ainz auroient tot li enfant ....

Von dem Ganzen soll nur eine Ausnahme bestehen: wenn die Kinder sich schlimm gegen den parens benommen haben:

52) Daher auch die Erscheinung, daß man in Rechten des Fortschritts, wie Anjou, die römische legitima nicht anwandte; vgl. die Entscheidung von 1624 bei B. de Richebourg IV p. 563 Note h; in andern kam sie nur im Verhältniß der Kinder unter sich zur Geltung (vgl. unten S. 45).

voirs est, se li enfant ne s'estoient malement contenu vers le père, si qu'il ne fussent mie digne d'avoir ses biens; car en tel cas seroit tenuz li devis au père qu'il fist à l'estrange.

Das gelte nun, wenn die Erbschaft nur aus Errungenschaften oder nur aus Fahrniß oder aus beidem bestehe. Wie aber, wenn daneben noch Erbgut hinterlassen ist?

se li pères a héritages et conquez, et li héritages sofist à la sostenance as enfanz, de ses conquez et de ses muebles puet fère plénièrement sa volonté auquel qu'il vorra de ses enfanz ou à estranges. Et se li héritages est petiz et li conquest sont grant, et si que li héritage ne sofisent pas à la sostenance as enfanz, de son conquest ne puet deviser fors ce qui sormonte la sostenance as enfanz;

was der Coutumist noch mit folgender einleuchtenden Bemerkung begründet:

car, qui doit mielz estre sostenuz de la sostenance au père, que li enfant qui sont de son propre sanc et qui il doit norrir selonc nature et porveoir selon les lois? Et ce que l'en dit que li pères puet fère sa volenté de ses conquez et de ses muebles, c'est voirs quant il n'a nul enfant; et s'il les a, il sont si porveu par le père ou porchacié par els-meismes, qu'il ont bien de quoi avoir lor sostenances.

Dieses Recht haben die Abkömmlinge, es haben es die Eltern, nicht auch Bruder und Schwester;

mès bien puet et doit soffrir nostre usages que père ou mère i aient cele meismes droiture que li enfant i ont ... also auch die Eltern haben ein Pflichttheilsrecht, nicht aber die Geschwister (ib. 11).

Diesem System seines Vorgängers folgt Beaumanoir durchaus; nur weiß er mehr den romanistischen Ursprung zu verhüllen: das römische Recht ist ihm nicht droit écrit, es ist ihm Naturrecht, und die Befugnisse der Kinder stützt er auf das ihnen von selbst zustehende jus sanguinis.

So sagt er XII 382: Nous avons dit ... que chascuns puet lessier en son testament le quint de son eritage et ses muebles et ses conquès. Nepourquant, se li remanans de son eritage n'est pas si grans, qu'il soufise a la soustenance de ses enfans, et li mueble et li chateus sont grant, et il n'en lesse nul a ses enfans, ainçois les lesse tous a estranges persones: nous ne nous acordons pas que teus testamens soit tenus, ainçois doit estre retrait du testament tant que li oir puissent resnablement (vivre et) avoir leur soustenance selonc leur estat ...

Im Uebrigen wiederholt auch Beaumanoir (§ 385) den Satz,

daß die ganze Verfügung hinfällig wird, wenn das Testament in odium der Kinder sei: car il apert que cil qui fist le testament fu mal meus encontre reson (color dementiae!). Und ebenso spricht er, LXX nr. 5, von den dons outrageus, wenn etwa der Erblasser dem einen Kinde alles geben wolle, dem anderen nichts: se li dons fu si outrageus que li autre en demorent deshireté, li dons n'est pas à soufrir; und in XXXIV 23 zählt er diesen Fall unter den ungesetzlichen und darum nichtigen Vereinbarungen auf.

Weiß auf solche Weise Beaumanoir seine romanistische Bildung geschickt zu verhüllen, so ist es anders mit dem Juristen von Tournay, mit Bouteiller, Somme Rurale tit. 103; er stellt sich völlig auf romanistischen Standpunkt, er behandelt übermäßige Verfügungen romanistisch als inoffiziös und citirt dabei Stellen des Corpus juris. Auf das geschriebene Recht: droit et coustume bezieht sich auch der Verfasser des Libre de droiz (14. Jahrh. aus Poitou):[53] si .... la donnaison fust excessive et telle que ne se pueust soustenir par droit ou par coustume, la donnaison ne se anéantera pas pourtant du tout, mais se restraindra et mectra à estat selon droit ou coustume en tant et en telle partie, comme poura valoir.

So war auch der große Coutumist des 16. Jahrhunderts, Dumoulin, ein Hauptvorkämpfer der legitima. Sein Einfluß brachte es dahin, daß das neue Pariser Stadtrecht (1580) a. 298 ihrer besonders Erwähnung that, und an verschiedenen Stellen, namentlich in seinen Consilien, in Consilium 29 und 35, behandelt er die legitima als geltendes Recht und entwickelte ihre Rechtsgrundsätze nach dem Corpus juris; und wie sehr der romanistische Pflichttheil im 16. Jahrhundert bei den Pariser Gerichten anerkannt war, bestätigen die Noten von Charondas le Caron zu Bouteiller, wo Entscheidungen von 1558 und 1592 angeführt sind. Außerdem werden auch Entscheidungen von 1583, 1585, 1589 erwähnt.

§ 11.

In den Gewohnheitsrechten des Südens findet sich das römische Notherbsystem in doppelter Form.

Bald ist das formelle Notherbrecht allein durchgedrungen, und man gab ihm die Wendung: die Eltern dürfen ihre Kinder nicht unerwähnt lassen, sie müssen ihnen etwas hinterlassen; es genügt aber eine minimale Summe: sie ist das Zeichen, daß der parens an das Kind gedacht hat; dem muß sich das Kind im Gehorsam fügen.

---

53) Ed. Beautemps-Beaupré.

So das Stadtrecht von Montpellier (1204) a. 55: parens potest, quidquid voluerit, relinquere liberis; et si modicum sit relictum, non possunt liberi conqueri, sed in omnibus et per omnia, sine questione debiti bonorum subsidii vel ejus supplementi, liberi debent parere voluntati parentum et suis legatis esse contenti.[54]

Darum soll auch die Quart nicht mehr gewahrt werden:

a. 56: In substitucionibus voluntas defuncti servari debet de cetero, omni loco et tempore sine beneficio legis Falcidie ...[55]

Und ebenso das Recht von Carcassonne.[56]

Noch deutlicher tritt der römische Ursprung dieser Bestimmungen hervor im Recht von Toulouse (1283) Rubr. de haered. instituendis (B. de Richeb. IV p. 1059); hier heißt es quod homo .. debet filium suum seu filios instituere haeredem vel haeredes in testamento suo; allein er braucht ihm effektiv fast nichts zu hinterlassen: vel dare ei vel eis in dicto testamento aliquid, scilicet quinque solidos Tolosanos vel amplius de bonis suis, ut eidem testatori placuerit pro voluntate ejus vel eorum inde facienda;

sonst ist das Testament nichtig: alias testamentum ipsius non obtimet roboris firmitatem contra filium vel filios antedictos.

Daß man aber dem Kinde nur 5 sol. zu hinterlassen brauche, ist in der Rubr. de testam. (p. 1058, 1059) a. 3 nochmals gesagt:

si aliquis habeat filium vel filiam ex uxore sua et in ultima voluntate sua relinquat vel dimittat sibi usque ad quinque solidos Tolosanos vel amplius, vel valorem quinque solidorum Tolos., vel amplius, vel centum solidos Tolosan. vel mille solidos Tolos., vel amplius, vel eidem placuerit testatori jure institutionis vel appartiamenti pro sua voluntate facienda, et alium extraneum vel non extraneum instituat sibi haeredem in caeteris bonis suis, dicta filia vel filius non potest postea venire contra testamentum patris ratione suae legitimae portionis nec ipsum in aliquo oppugnare. — —

Uebrigens gehörten diese Bestimmungen zu den 20 von Philipp dem III. (1283) reprobirten Artikeln;[57] sie waren aber vorher in lang=

---

54) In Aigrefeuille, Histoire de Montpellier II, und in Giraud, Essai I: Append. p. 47f.

55) Falcidia hier zugleich für Pflichttheil, wie Petri Exceptiones I 12, 17 und wie bekanntlich in der lex Romana Curiensis (VIII 5, XVIII 3, XXII 11) und in den rhätischen Urkunden (Zeumer, Vorrede zur lex Rom. Cur. p. 301).

56) Bei Giraud ib.

57) Z. franz. Civilrecht V S. 392; Tardif, droit privé au XIII siècle p. 68, der übrigens die Bestimmung gründlich mißversteht.

jähriger Uebung und scheinen auch später noch aufrechterhalten worden zu sein: sie finden sich in vollem Texte in der Sammlung bei B. de Richebourg.

Entsprechend ist auch in den Landrechten von Labourt (1514) und Sole (1520) gesagt, daß der Testator zwar im Allgemeinen über die Errungenschaften beliebig verfügen dürfe, doch müsse er einem jeden Kinde wenigstens etwas davon hinterlassen (er dürfe es nicht ganz übergehen), Labourt XI 3, Sole XXVI 3; so an letzterer Stelle:

provedit que, si a enfants, laixi à cascun dequets quoauque cause deusdits adquisits, per petit que sie, sens que los enfants pusquen autre cause demandar.

Eine solche Schein-legitima findet sich auch in nördlichen und östlichen Rechten; in Metz (1611) VIII 8 brauchen die Eltern jedem Kinde nur 12 deniers, im Bisthum Metz (1601) X 2 nur 5 sols zu hinterlassen.

§ 12.

Im Gegensatz dazu stehen die Rechte des Südens, welche vom römischen Pflichttheilsrechte ausgehen.[58] So das Statut von Bragerac (Bergerac) aus dem Jahr 1322: hier handelte es sich darum, das eine römische Recht gegen das andere, das Justinianische Recht gegen das Recht des Breviars zu setzen: die legitima verstand sich hier von selbst; war sie aber verletzt, so führte dies nach dem Breviar zur Aufhebung des Testaments, wenn der Erblasser nicht eine eventuelle Ergänzung verfügt hatte, c. 4 C. Theod. 2, 19 und die Intepretation dazu; nach Justinian (c. 30 de inoff. test.) aber gilt bekanntlich auch ohne solche Ergänzungsbestimmung die actio suppletoria: dem letzteren folgt nun das Statut:

(gravatus) non potest querelare seu impugnare dictum testamentum quin teneat, sed quod agere possit ad supplementum legitimae, et esto quod non contineatur in dicto testamento, quod dictum filium suum instituit haeredem in dicta portione, propter hoc non rumpitur testamentum (B. de R. IV p. 1020.) —

Hier ist allerdings die Justinianische Einsetzungspflicht unberücksichtigt geblieben; allein es ist begreiflich, daß diese gegen die actio suppletoria zurücktrat. Man vgl. auch lex Romana Cur. XXV 9 nr. 3.

Anders im Rechte der Burgund v. 1459: dieses hat noch die Einsetzungspflicht, und es hat sie bei Strafe der Nichtigkeit; dies letztere

58) Aehnlich wie italienische Statuten, z. B. Castellarquato (1445) IV 22 u. a.

haftete hier mit besonderer Zähigkeit, sprach doch dafür auch eine Stelle der lex Romana Burgundionum;[59]

daher heißt es:

VII 3: est tenu de delaisser à ses vrais heritiers sadite legitime . . . par droit d'institution, ou autrement ledit testament et ordonnance est nul.

Die Höhe der legitima ist die der Justinianischen Novelle: $^1/_3$ oder $^1/_2$ je nach der Zahl der Kinder.[60]

Und so finden wir den Pflichttheil in Bayonne (1514) XI 9; er ist eingeführt als neue Bestimmung; er beträgt hier die Hälfte:

si le pere ou mere donnent ou laissent tous lesdits biens avitins à un des enfans, chacun des autres enfans pourra quereller et demander esdits biens avitins la moitié de ce que pourroit monter la legitime, telle que de droit.

So finden wir die legitima der Kinder in Marsan, des success. a. 8; und in Bordeaux (1520) steht neben der legitima der Kinder (a. 63, 75, 76) die der Ascendenten: sie ist $^1/_3$; und konkurriren die Ascendenten mit Geschwistern, so nehmen diese an der legitima Theil, a. 57, 64 — letztere unrömische Bestimmung entspricht sicher dem oben entwickelten Gedanken des Erbvorbehalts, sie beruht auf Einwirkung germanischer Anschauung.

Ist in diesen Rechten die legitima mehr oder minder ursprüngliches, althergebracht römisches Recht, so ist die légitime der nördlichen Rechte ein künstliches, durch das Studium des römischen Rechts und den Einfluß der Coutumisten in das heimische Recht hineingetragenes Gebilde. Näher geregelt wird es nicht — dafür hatte man das römische Recht, meist wird seiner nur kurz Erwähnung gethan.

Als Beispiel möge dienen:

Chartres (1508) a. 88: pourveu que par ladite donation les enfans des donateurs ne soient point privez de leur legitime part et portion à eux deue de droict de nature;

a. 91: et que les enfans des testateurs ne soient privez et frustrez de la legitime à eux deue de droict de nature;

Ganz ähnlich Dreux (1508) a. 76, 81, 82; Chateauneuf en Thimerais (1552) a. 109. 113.

Sodann Montargis (1531) a. 227: sauf la legitime aux

59) Vgl. Lex Romana Burgund. 45: Testamenta vero, quibus filiis et nepotibus Falcidia non demittitur, nullo jure subsistunt. Vgl. auch lex Burg. 51.

60) So a. 7. Nach a. 3 ist die Höhe stets $^1/_3$, welche Bestimmung jedenfalls die ältere ist.

enfans et autres descendans en drocite ligne, de laquelle demoureront saisis sans fraude; ähnlich a. 238.

Aehnlich auch Laon (1556) a. 51, 60 (bei Schenkung und Testament); die Bestimmung lautet hier:

sauf toutesfois ausdits enfans de pouvoir debattre telle donation par querelle d'inofficiosité, selon raison escrite;

und beim Testament:

reservée aux enfans la querele du testament inofficieux.

Sodann auch Rheims (1556) a. 232, 292 und Noyon (1556) a. 20, 18, 19, 16 (querelle de donation inofficieuse).

Und so Chalons (1556) a. 63: reservée ausdits enfans la querelle d'inofficieuse donation; a. 70: reservée aux enfans la querelle du testament inofficieux selon raison escrite; und S. Quentin a. 14 und 22.

So bezüglich der Schenkung:

Senlis (1539) a. 217. 219 (si à ce l'heritage propre ne peut fournir), Auvergne (1510) XIV 40, 16, 23, XV 4, Verdun V 1, Nivernais (1534) XVII 7, Sens (1555) a. 89, Dourdan (1556) a. 91, Melun (1560) a. 232, Auxerre (1561) a. 218, Peronne (1567) a. 107, Chimay (1621) II 7;

bezüglich des Testaments:

Bassigny (1580) a. 156 und Orchies (1618) II 1.

Nur wenige Rechte gehen auf das Institut genauer ein; es sind Valois (1539), Berry (1539), Bourbonnais (1521), Clermont en Beauvoisis (1539), Paris (1580), Calais (1583), Orléans (1583), Chauny (1609).

Valois a. 133 sagt: où au jour de son trespas se trouveroit la donation immense, en sorte que la legitime ne fust entierement reservée à ses autres enfans, sera [de] ladite donation desduit et deffalqué, ce qui s'en faudra de ladite legitime (eu regard aux biens donnez et ceux dont mourra saisi le donateur) venant au profit des heritiers, et sera tel donataire tenu restituer pour lesdites legitimes ce qu'il se trouveroit deffaillir de ladite legitime; et à ce sont les choses données, du jour de la donation, hypothequées. Mit letzterer Bestimmung gab man eine, dem Erbvorbehalt verwandte, dingliche Sicherheit.

Berry (1539) VII 10. Da hier die réserve die Hälfte des Vermögens ausmacht, so kommt die legitima nur für die Vertheilung des Erbes unter die Kinder in Betracht: en laissant la legitime telle que de droict aux autres, pour le regard de laquelle legitime, si la donation excede, sera reputée nulle et de nul effet et valeur.

Bourbonnais (1521) a. 216 spricht aus gleichem Grunde nur von der legitima bei der elterlichen Theilung unter die Kinder und sagt: se peut bailler ladite legitime en chose certaine, et s'il estoit moins delaissé à l'un des enfans que de sadite legitime, elle est suppléée par les autres enfans pro rata, ledit partage demeurant au residu en sa force et vertu.

In Clermont en Beauvoisis aber heißt es a. 129: jusques à la concurrence de la legitime, si le reste desdits biens n'estoit suffisant pour le supplement de ladite legitime lors du decez du donateur, et, quant à ce, seront lesdits biens ainsi donnez et advantagez deslors affectez et hypothequez jusques à la concurrence d'icelle legitime.

Die anderen 4 Rechte aber setzen, ebenso wie Bayonne, die legitima auf die Hälfte des Intestaterbtheiles fest; sie entsprechen damit dem Gedanken Pierre des Fontaines, daß Kinder und eingesetzte Dritterben einander gleichstehen sollen, da das Kind das Recht des Blutes, die Eingesetzten aber den Willen des Erblassers für sich haben. Die Stelle lautet fast übereinstimmend in Paris a. 298, Orléans a. 274, Calais a. 85 folgendermaßen:

La legitime est la moitié de telle part et portion que chacun enfant eust eu en la succession desdits pere et mere, ayeul ou ayeule ou autres ascendants (soit en meuble ou immeuble, so *Orléans*), si lesdits pere et mere ou autres ascendants n'eussent disposé par donations entre vifs ou derniere volonté ....

In Chauny IX 49 heißt es: pourveu neanmoins que la legitime soit reservée aux autres enfans, laquelle legitime est la moitié de ce qu'eust peu succeder ledit enfant ab intestat.

§ 13.

Der Pflichttheilsanspruch ist ein jus sanguinis; er gehört dem Erben, also insbesondere dem Kind in der Eigenschaft als Kind, nicht als Erben; er setzt daher kein Erbewerben des Kindes voraus und ist kein Anspruch auf einen Theil der Erbschaft, auf eine pars hereditatis.[61] Er ist ein Werthanspruch, nicht ein Anspruch auf Herausgabe von Vermögen

61) Ganz verkehrt war daher die Behandlung im Sächsischen Gesetzbuch § 2589.

im Stück, ein Werthanspruch auf einen nach dem Werthe des Gesammtvermögens auszuschlagenden Betrag.

Der Pflichttheilsanspruch entsteht aber nur dann, wenn dem Kinde nicht so viel hinterlassen ist, daß der Werth des Pflichttheils gedeckt ist; ist ihm dies hinterlassen, so hat sich das Kind zunächst hieran zu halten: ein Anspruch auf Zahlung eines Geldbetrags ist nicht gegeben, denn der Pflichttheilsanspruch ist nicht eigentlich ein Pflichttheilsanspruch, er ist ein Anspruch auf Ersatz wegen verletzten Pflichttheils.

Daher mußte sich im altfranzösischen Recht auch die Frage entwickeln, die in unserem B.G.B. §§ 2305, 2306 zum Austrag gebracht ist: kann das Kind, das ja nach dem germanisch-französischem Rechte stets Intestaterbe zu seinem Intestattheil ist, auf sein Erbrecht verzichten und den Pflichttheilsanspruch erheben? eine Frage, die mit der vorigen über die Natur des Pflichttheils nicht verquickt werden darf. Diese Frage verneinte aber Dumoulin,[62] und mit Recht; er meinte mit Recht, daß das Kind, welches auf die ihm eröffnete Erbschaft, in der es seinen Pflichttheil zu finden vermag,[63] verzichtet, den Pflichttheilsanspruch höchstens insofern erheben kann, als etwa der Erbtheil wegen Schenkungen des Erblassers den Pflichttheilsbetrag nicht zu bieten im Stande ist — insofern ist immerhin ein Ergänzungsanspruch gegeben, und es ist kein Grund vorhanden, solchen darum zu versagen, weil das Kind auf den Erbtheil verzichtet; dies also insbesondere wenn die Erbschaft und damit der Erbtheil überschuldet ist. So Dumoulin im Consil. XXXV: quando aliquid superest sufficiens ad legitimam ..., si jacentem parentis ... hereditatem repudiat, se ipsum excludit.[64] Ist aber der Nachlaß überschuldet, dann ist eben aliquid sufficiens nicht vorhanden und die Ausschlagung unschädlich; so entschied denn auch ein berühmtes Pariser Urtheil von 1685.[65]

Daraus ist leicht ersichtlich, wie der Pflichttheilsanspruch im altfranzösischen Recht, wo es keine Erbeseinsetzungen gab und die Intestaterbfolge obligatorisch war, seine Richtung namentlich gegen die Schenkungen nahm. Daneben konnte die Frage der Socinischen Kautel hervor-

62) Die Aeußerungen Dumoulin's sind analysirt bei Cuënot, Droits de legitime p. 205f.

63) Wobei noch zu beachten ist, daß die Belastungen des Erbtheils, soweit sie den Pflichttheil numerisch schmälern, von selbst hinfällig werden.

64) Molinaei op. III p. 2407. Vgl. auch darüber Lebrun, Success. II 3 s. 1 nr. 9f. u. 29, Julien, Commentaire sur les statuts de Provence (1778) II p. 517f.

65) Bei Lebrun a. a. O. nr. 29 (Ed. 1775 I p. 261).

treten und die Frage, ob eine solche nicht gesetzlich anzunehmen sei — eine Frage, die bekanntlich das B.G.B. in § 2306 bejaht hat; vgl. auch C. civ. a. 917.

Auf diese und andere Fragen des altfranzösischen Rechts und auf die Praxis der französischen Parlamente Paris, Toulouse, Bordeaux, Grenoble einzugehen, muß ich mir hier versagen, so auch auf die Frage, ob und welche legitima den Kindern des Verurtheilten zukam;[66] es gehört dies zur Dogmengeschichte des römischen Rechts, und wir haben hier über das Abendroth germanischer, nicht über das siegreiche Aufsteigen römischer Rechtsgedanken zu berichten. Ich muß dies unterlassen, so sehr es reizen würde, hier auch diese Dogmengeschichte zu geben — in Anerkennung dessen, wie sehr unser Jubilar gerade auf die Dogmengeschichte und auf die Fortbildung des römischen Rechts im Mittelalter hingewiesen hat.[67]

§ 14.

Denkbar wäre es nun immerhin gewesen, daß die römische legitima sich dem deutschen Erbvorbehalt assimilirt und zu dessen weiterer Entwicklung beigetragen hätte; es wäre möglich gewesen, daß die Geschichte sich der legitima als eines Fermentes bedient hätte, um den Erbvorbehalt modern umzugestalten; es ist nicht geschehen: derartige Entwicklungen vollziehen sich in Zeiten verschwommener Unklarheit der Begriffe, wo die deutlichen Konturen fehlen und darum der eine Stoff in das Gefüge des anderen hineingegossen werden kann. Die Unklarheit ist ein fruchtbares Moment der Geschichte, sie ist ein Haupterreger des Gewohnheitsrechts; sie ist der Nährboden, auf dem neue Rechte entstehen: denn unklar, wie die geniale Stimmung des schaffenden Künstlers, ist die geniale Bildung des Rechtes. Ich spreche dies heute aus, ohne fürchten zu müssen, deswegen so gründlich mißverstanden und so befehdet zu werden, wie zu der Zeit, wo ich den Shakespeare vor dem Forum der Jurisprudenz schrieb. Die Gegner, die mir damals wurden, haben von der Geschichte des Rechtes völlig Unrecht bekommen, und wem der historische Blick für das Weltrecht gebricht, mit dem brauchen wir heutzutage nicht mehr zu disputiren.

---

66) Vgl. z. B. Bouhier, Coutumes du duché de Bourgogne (1746) II p. 196 ff.

67) Vgl. darüber die in meinem Aufsatz bereits citirte Literatur; sodann Boissonade, histoire de la Réserve héréditaire (1877) p. 277 f., Cuënot, Droits de légitime et de réserve (1877) p. 197 f. Man vgl. namentlich auch in Merlin's Repertoire den Titel Légitime, der mit ganz besonderer Ausführlichkeit behandelt ist, und auch Denisart, v. Légitime.

Diese Unklarheit existirte aber nicht: die Jurisprudenz war zu sehr vorgebildet, das römische Recht zu sehr bekannt, die Rechtslehre zu sehr entwickelt, als daß der wesentliche Unterschied zwischen Erbvorbehalt und Pflichttheil nicht sofort erkannt worden wäre.

In der That finden wir denn auch den Unterschied von den Schriftstellern des 17. oder 18. Jahrhunderts in überraschender Klarheit dargestellt.

Nichts ist deutlicher, als die Stelle bei Ricard († 1678), Donations III ch. X s. 1 nr. 1463 (Ed. 1713 I p. 748):

en expliquant et pratiquant nos coutumes, nous en avons suivy absolument l'esprit et étably par un usage qui n'est point contesté, et duquel nous ne devons pas nous départir, que celuy qui n'est pas actuellement heritier, ne doit point prendre part dans les quatre quints des propres, soit par droit de retention ou autrement. Nos coutumes ne donnant en effet ce droit qu'à ceux qui portent le titre d'héritiers, ce qui ne convient pas à un légataire qui renonce à la succession à laquelle il étoit appelé, pour conserver la disposition faite en sa faveur; au lieu que la légitime est principalement attachée à la qualité d'enfant et à l'obligation qu'un pere a naturellement de laisser des alimens à ceux qu'il a mis au monde et ausquels il doit donner moyen de subsister.

Lebrun († 1708) handelt in seinem Werk über die Succession von der „légitime" in II 3 und von den „réserves coutumières" in II 4.

Die légitime definirt er II 3 nr. 1, wie folgt: La légitime est une portion de ce qu'on auroit eu sans les dispositions entre-vifs ou testamentaires . . .; und von der réserve sagt er II 4 nr. 1: (La réserve) n'est point une légitime, mais un droit qui compose ou qui augmente la succession ab intestat: car si quelqu'un a disposé de ses propres audelà de ce qui lui est permis par la coutume, cela se trouve de plein droit dans la succession ab intestat à cause de la nullite d'une partie de la disposition . . . . . (Ed. 1775 p. 254, 343).

Und ebenso klar Pothier, Don. I 3 a. 6 § 1; Introduct. zur Cout. d'Orleans XVI nr. 53; diese Stellen sind so leicht zugänglich, daß ich darauf verweisen kann.[68]

Bei diesem Sachverhalt ist es fast ein Wunder, daß der Code civil es vermochte, zum germanischen Recht zurückzukehren und es in der Weise umzubilden, wie es nöthig war, um den Postulaten des Rechtslebens zu entsprechen, daß man also hier vollzog, was das Pariser Stadtrecht nicht gethan hatte. Maßgebend war aber hier der Widerwille gegen das

68) Erstere ist auch in meiner Abhandl. S. 409 wiedergegeben.

Testament: es war der Geist Mirabeaus, dem das Testament und die väterliche Gewalt verhaßt waren, und diese Geistesrichtung mußte eher zum Erbvorbehalt führen, welcher die testamentarische Verfügung als Ausnahme erscheinen ließ, als zum Pflichttheil, welcher von der Freiheit der Verfügung ausgeht und nur eine Beschränkung in der Richtung der Verfügung festsetzt.

Hier hat also der Haß dem deutschen Rechte die Wege gebahnt, und wie häufig vermochte der Haß, was die Liebe nicht zu Stande brachte!

§ 15.

Werden wir es nun beklagen, daß das germanische Institut dem römischen zum Opfer fällt? Gewiß nicht; was in der Zeit sproßt, muß in der Zeit vergehen, und was die Sonne erzeugt, verdorrt sie wieder. Der Erbvorbehalt hätte in das ganze System des B.G.B. nur hineingepaßt, wenn man sich entschlossen hätte, vom römischen Testamente abzusehen und, wie der Code civil, die letztwillige Verfügung nur in der Gestalt des Intestatcodizilles zu gestatten. Der Erbvorbehalt setzt voraus, daß der Erbe stets der gesetzliche Erbe, daß der Erbe der Familienerbe ist. Ein Gesetz, welches es zuläßt, daß der Erblasser den Erben schafft, nicht Gott allein, kann mit dem Erbvorbehalt wenig beginnen; er muß zum römischen Mittel greifen und das Notherbrecht als ein vom Erbrecht getrenntes jus sanguinis konstruiren. Außerdem haben sich aber auch im französischen System Anstände gezeigt, die sich allerdings vielleicht mit gewissen Modifikationen hätten beseitigen lassen. Wie, wenn der Erblasser einem Kind ein bedeutendes Vermögen zugewendet hat und wenn das Kind nun, mit Rücksicht darauf, die Erbschaft ausschlägt und sie seinen Geschwistern überläßt? Wir finden es billig und natürlich, daß es hier die Schenkung behalten darf, nicht nur bis zum Betrag des Freitheiles, sondern auch in dem Betrag, der seinem Pflichttheil entspricht, sodaß der Beschenkte nur dann etwas herauszugeben hat, wenn der Pflichttheil der Anderen verletzt ist. Das germanische System des Vorbehalts aber verlangt eine ganz andere Behandlung: nach diesem ist der Vorbehalt ein unverfügbarer Theil des Erbgutes, der Notherbberechtigte kann zu diesem Theile nur als Erbe Zutritt erlangen; verzichtet er auf das Erbe, so verzichtet er damit von selbst auch auf den vorbehaltenen Theil: er verzichtet auf das Notherbrecht und darf daher von seiner Schenkung nur behalten, was dem Freitheil entspricht. Dies führt zu großer Schädigung und widerspricht unseren volksthümlichen Erwartungen. Hat ein Kind A. eine Schenkung von 100000 in Händen, während

80000 im Nachlasse sind, und verzichtet nun das Kind A. auf das Erbe, um es ganz seinem Bruder B. zu lassen, so ist, bei einem Vorbehaltsystem von $^2/_3$, der Vorbehalt des Gesammtvermögens gleich 120000 wovon auf jedes der beiden Kinder 60000 käme, und der Freitheil wäre 60000. Nach der Konsequenz des Vorbehaltssystems müßte nun A. durch seinen Verzicht auf den Nachlaß zugleich auf seinen Erbvorbehalt im Betrag von 60000 M. verzichten, es könnte daher die Schenkung von 100000 M. nur bis zum Betrag des Freitheils, also bis zu 60000 behalten und müßte seinem Bruder 40000 herausgeben, der somit 120000 erhielte![69]

Dies führt zugleich zu folgendem mißlichen Resultat: Hat der Erblasser auf solche Weise dem Kinde eine Ausstattung gegeben und verzichtet es auf die Erbschaft, so ist nun, da das Kind nicht mehr Erbe und daher auch nicht Vorbehaltserbe ist, diese Zuwendung völlig in den Freitheil einzurechnen, bis zur Erschöpfung des Freitheils! und hat der Erblasser später Schenkungen gemacht, so können alle diese Schenkungen angegriffen werden, ganz gegen all sein Erwarten, gegen alle Billigkeit und gegen alle Lebensverhältnisse! Der Freitheil ist ja bereits erschöpft!

Vom Standpunkt der Konsequenz läßt sich dagegen nichts einwenden. Auch ich habe darum früher dieses System vertreten, es hat im Plenarurtheil des französischen Kassationshofes vom 27. November 1863[70] seine klassische Ausprägung gefunden.

Man hätte nun allerdings etwa durch eine Modifikation des Systems abhelfen können, und das wollte auch in Frankreich eine einflußreiche Bewegung, an deren Spitze s. Z. der Präsident des Kassationshofes Troplong, — zugleich ein Schriftsteller nicht ohne Geist, aber gänzlich unmethodisch und mit einem sträflichen Hang zu langathmiger kasuistischer Vielschreiberei, — stand. Allein diese Gegenströmung hat nicht gesiegt, und für uns wäre es sicherlich bedenklich gewesen, ein System zum Ausgangs-

---

69) Sollte es unbillig sein, daß der Beschenkte seine volle 100000 behält? Man hat es behauptet für den Fall, daß das Vermögen des Erblassers zur Zeit der Schenkung größer war, z. B. das Doppelte betrug (360000 M.). Man sagte: hier wollte der Erblasser dem A. nicht mehr schenken, als ihm in der Intestaterbfolge zuzukommen habe, die 100000 sollten nur eine Vorauszuwendung auf den Intestaterbtheil von 180000 sein; es sei daher billig, daß jetzt, wo das Vermögen auf 100000 + 80000 verringert ist, A. mindestens 10000 herausgebe, damit auf solche Weise beide gleichstünden. Allein das würde wieder zu anderen Unbilligkeiten führen. Vielleicht hat A. die 100000 gar nicht mehr; er hat sie wohl verbraucht, verloren! Daher hat das B.G.B. § 2056 bestimmt, daß, auch wenn A. Erbe wird, die Kollation nie zu einer Herauszahlung führen darf, sondern nur zur Anrechnung auf den Erbtheil.

70) Sirey 63 I p. 513.

punkte des Rechtes zu machen, das in seinen Grundvesten erschüttert ist und nur durch künstliche Stützen und architektonische Eingriffe erhalten werden kann.

Und so werden wir es denn billigen müssen, daß das B.G.B. den Erbvorbehalt nicht mit einer solchen Modifikation angenommen, sondern sich dem römischen Recht in die Arme geworfen hat, und so möge denn das Institut in das Dunkel der Vergangenheit versinken! mit frischem Muthe steuern wir in das Meer der Zukunft, ausgerüstet mit dem Werke, das die größte gesetzgeberische That der Gegenwart und zugleich eine der größten Thaten aller Zeiten darstellt . . . . .